Die besten Rezepte aus Omas Küche

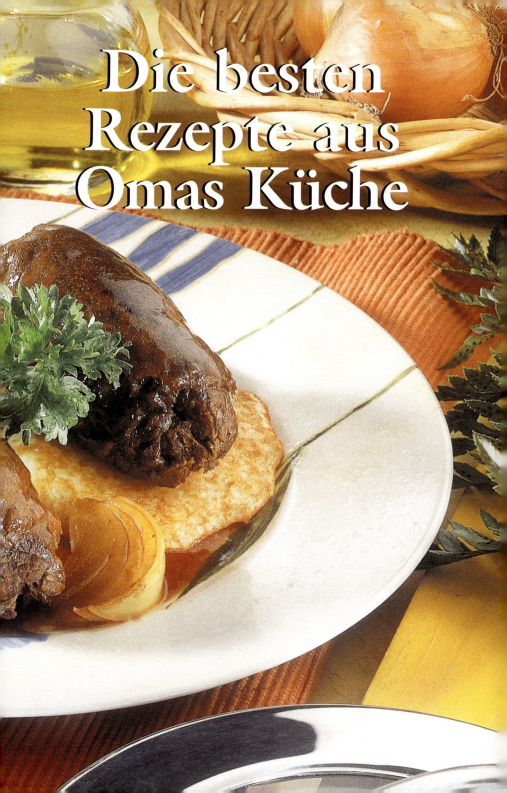

Die besten Rezepte aus Omas Küche

VORWORT

In der modernen Küche sind Kochrezepte aus der „guten alten Zeit" nicht wegzudenken. Neben den unzähligen Gerichten der „Nouvelle Cuisine" oder Speisen aus aller Herren Länder – Italien, Frankreich, Spanien bis Fernost – entsteht immer häufiger der Wunsch nach herzhafter Hausmannskost, wie sie die Großmutter zu kochen verstand. Ohne viel Schnickschnack und für jeden Geldbeutel wählen Sie aus den Köstlichkeiten des vorliegenden Kochbuches.

Ob eine wärmende Suppe, ein würziger Braten vom Schwein, Rind oder Lamm, Krautfleckerl, Maultaschen, Fisch- und Gemüsegerichte, eine leckere Mehlspeise oder ein Nachtisch – Großmutters Kochrezepte sind bei Groß und Klein beliebt. Die Zubereitung ist meist sehr einfach, braucht aber, wie zum Beispiel bei einem Braten, etwas mehr Zeit. Großmutters Rezepte sind kein „Fastfood", das zwischen Tür und Angel verzehrt wird. Für die köstlichen Speisen sollte man sich Zeit zum Essen und Genießen nehmen. Ausschlaggebend für das Gelingen eines jeden Rezeptes sind die Qualität und Frische der einzelnen Lebensmittel. Erzeugnisse aus heimischer Produktion, wie sie auch früher verwendet wurden, sind hervorragend im Geschmack. Die Großmutter hatte Obst und Gemüse nur zur jeweiligen Saison zur Verfügung und der Speisezettel wurde auf diese Erzeugnisse abgestimmt.

Obst und Gemüse waren in früheren Zeiten nicht chemisch behandelt und wurden auch nicht unter Glas herangezogen. So hatte jede Frucht- oder Gemüsesorte ihren typischen Geschmack. Einige Gemüsesorten wie z. B. der Mangold oder die Steckrüben werden heute neu entdeckt und nehmen ihren Platz in der modernen Küche ein.

Rindfleisch, Schweinefleisch, Lamm- und Kalbfleisch, Fisch, Wild und Geflügel gehören unbedingt dazu, wenn nach Großmutters Rezepten gekocht wird. Sie haben die Qual der Wahl, wenn es darum geht, für welches Gericht Sie sich entscheiden sollen. Für jeden Geschmack und für jede Vorliebe findet sich das Passende.

In diesem Buch stellen wir Ihnen unsere besten Rezepte aus Großmutters Küche vor mit denen Sie sich und Ihre Lieben verwöhnen können. Lassen Sie sich durch die ausgewählten Gerichte und die farbenprächtigen Bilder inspirieren und probieren Sie am besten gleich eines der Rezepte aus. Wir wünschen Ihnen beim Zubereiten viel Spaß und gutes Gelingen.

Guten Appetit!

Ihre Redaktion

Einleitung

Tipps und Tricks aus Großmutters Küche

Vorräte sind unverzichtbar. Eine gut gelüftete Vorratskammer neben der Küche, wie sie früher üblich war, trifft man heute nur noch sehr selten an. Die trockenen Vorräte werden deshalb meist im Küchenschrank untergebracht. Auch wenn Mehl, Zucker, Grieß, Nudeln, Reis Hülsenfrüchte usw. fast unbegrenzt haltbar sind, sollten Sie alle Nährmittel von Zeit zu Zeit überprüfen. Gerade bei Hülsenfrüchten kann es vorkommen, dass sie Insekteneier oder -larven enthalten, die sich später zu Motten entwickeln und sich an Ihren Vorräten gütlich tun. Außerdem kann es passieren, dass Sie mit Obst, Gemüse oder Blumen Insekten in Ihre Küche tragen, die sich schnell zu einer gefräßigen Familie entwickeln können.

Ein Küchenschrank mit Vorräten sollte mindestens einmal im Jahr mit Essigwasser ausgewaschen werden. Füllen Sie den Vorratsschrank mit Bedacht, neu gekaufte Ware kommt nach hinten. Stets die Nährmittel zuerst verbrauchen, deren Verfallsdatum bald abgelaufen ist. Neben Mehl, Zucker, Honig, Grieß, Haferflocken, Puddingpulver gehören zum Vorrat: verschiedene Nudeln, Reis, Kartoffelpulver für Knödel und andere Kartoffelzubereitungen, Obst- und Gemüsekonserven. Fleisch und Wurstwaren, Seefisch und Käse sowie Beeren und Gemüse können hervorragend eingefroren werden. Kartoffeln sollten nur bei sehr großem Verbrauch in einem kühlen Keller gelagert werden. Da Kartoffeln zu Beginn des neuen Jahres zu keimen beginnen, ist es ratsam, nicht zu viele Kartoffeln einzukellern. Auf Dauer ist es preiswerter, frische Ware hinzuzukaufen, als schrumpelige Kartoffeln fortzuwerfen.

Der getrocknete Vorrat

Viele Lebensmittel können Sie trocknen. Es handelt sich um eine sehr alte Konservierungsmethode. Zum Trocknen eignen sich besonders Kräuter, Pilze, Obst und Gemüse. Frische Kräuter sorgfältig waschen, trocken schleudern, zu kleinen Sträußen zusammenbinden und an einem luftigen, schattigen Ort (Speicher, Dachvorsprung) trocknen. Im Backofen können Kräuter bei rund 30 °C getrocknet werden. Die getrockneten Kräuter in dunklen Behältern trocken aufbewahren.

Pilze (Champignons, Steinpilze, Butterpilze, Maronen, Birkenpilze) zum Trocknen sollten jung und fest sein. Sie werden von eventueller Erde befreit, in Scheiben geschnitten und aufgefädelt. An einem trockenen, luftigen Ort werden die Pilze in rund zwei Tagen getrocknet und anschließend in dunklen Gläsern aufbewahrt. Verwenden Sie getrocknete Pilze zum Würzen von Suppen, Soßen und Braten.

Äpfel werden geschält oder ungeschält vom Kerngehäuse befreit, in etwa ein Zentimeter dicke Scheiben geschnitten und aufgefädelt. Anschließend an einem warmen, trockenen und luftigen Ort aufhängen. Damit die Äpfel ihre schöne weiße Farbe behalten, werden sie kurz in Salz- oder Zitronenwasser getaucht. Getrocknete Äpfel lassen sich noch biegen.

Anderes Obst wie Aprikosen, Birnen, Bananen, Erdbeeren, Feigen, Kirschen, Pfirsiche, Weintrauben und Zwetschgen werden gewaschen, entkernt oder vom

Kerngehäuse befreit und mithilfe eines elektrischen Dörrgeräts langsam getrocknet.

Das Obst kann getrocknet verzehrt oder in Wasser eingeweicht oder aufgekocht und für Desserts und Kuchen verwendet werden.

Für feine Suppen, Aufläufe und Eintöpfe sind geeignet: Blumenkohlröschen, junge grüne Bohnen, Kohlrabischeiben, Lauch- und Möhrenscheiben, Paprikastreifen, Suppengemüse in Streifen, halbierte Tomaten, Wirsing- und Weißkohlstreifen, Zucchinischeiben und Zwiebelringe.

Das zerkleinerte Gemüse zwei Minuten in kochendes Wasser legen, mit kaltem Wasser abschrecken, gut abtropfen lassen und im elektrischen Dörrgerät trocknen. Getrocknetes Gemüse in luftdichten und dunklen Gläsern oder Dosen aufbewahren. Wie lange Obst und Gemüse zum Trocknen brauchen, hängt von der Dicke und vom Wassergehalt ab. Das Trocknen auf dem Dachboden sollte nie über fünf Tage hinausgehen. Die Ware eventuell im Backofen bei etwa 30 °C nachtrocknen. Das Dörren im Backofen dauert etwa acht bis zwölf Stunden.

Manche Gemüsescheiben sind nach dem Trocknen knusprig, anderes Gemüse und Obst ledrig, Bohnen, Mais und Erbsen werden nach dem Dörren sehr hart.

Prüfen Sie alle paar Tage die verschlossenen Gefäße mit dem Dörrgemüse und dem Dörrobst. Wenn sich kleine Wassertropfen am Deckel gebildet haben, war der Dörrvorgang noch nicht völlig abgeschlossen. Es empfiehlt sich, die Behälter einige Tage offen stehen zu lassen.

Sinnvolles Zubereiten

Neben dem günstigen Einkauf und einer guten Vorratshaltung ist es sinnvoll, auf Vorrat zu kochen; beispielsweise einen großen Topf mit Gulasch oder einen großen Braten. Die Zubereitungszeit ist unabhängig von der Menge. Ein Teil wird sofort verzehrt, der Rest wird portionsweise eingefroren.

Wenn Sie einmal einen großen Topf Kartoffeln kochen, dann überlegen Sie, was Sie die folgenden Tage daraus zubereiten wollen: Pellkartoffeln mit Kräutern, am nächsten Tag Kartoffelsalat und am dritten Tag Kartoffelplätzchen oder Kartoffelklöße oder Kartoffelpüree. So haben Sie Zeit und Strom gespart und können trotzdem jeden Tag ein anderes, leckeres Gericht auf den Tisch bringen. Ebenso verfahren Sie mit einem gekochten Huhn. Servieren Sie die Hühnerbrühe mit etwas Gemüse und Nudeln oder Reis als Eintopf. Aus dem Huhn bereiten Sie am nächsten Tag einen Geflügelsalat oder Hühnerfrikassee zu.

Ob ein Braten gelingt, hängt nicht zuletzt von der Qualität des verwendeten Fleisches ab. Für einen Schmorbraten gibt es sehr gute, preiswerte Stücke wie Nacken, Bauch, Keule, Schulter oder Bug. Rind muss immer gut abgehangen sein. Bei Schwein sollte man kerniges Fleisch mit einer Fettschicht nehmen. Das Fett brät heraus und hält das Fleisch saftig. Die Schwarte wird zu einer knusprigen Kruste. Kalbfleisch soll trocken und grau getönt sein. Zum Braten immer Kalbfleisch mit Fetträndern kaufen. Was im Laden saftig aussieht, taugt nichts – es ist Wasser! Vorsicht vor fettem Hammelfleisch, es schmeckt häufig leicht tranig. Am besten fährt man mit Lammkeule.

Fettarmes Fleisch wird gespickt, damit es beim Braten nicht austrocknet. Es darf allerdings nicht zu viel gespickt werden, da bei jedem Durchbohren des Fleisches auch Saft verloren geht. Verwendet wird frischer, ungeräucherter, gut gekühlter Speck, der in längliche Streifen geschnitten und mit einer Spicknadel an der Faser entlang durch das Fleisch gezogen wird. Im Übrigen kann man Fleisch auch mit Knoblauch spicken. Man bohrt mit der Spicknadel Löcher in das Fleisch und drückt die in längliche Stifte geschnittenen Knoblauchzehen hinein.

Kräuter und Gewürze sollen den Geschmack des Bratens intensivieren, ihn aber nicht überlagern. Nelken, Lorbeerblätter und Wacholderbeeren würzen schon in kleinen Mengen recht stark.

Manche Kräuter passen besonders gut zu bestimmten Fleischsorten.

Zu Rind: Thymian, Petersilie, Schnittlauch, Oregano, Majoran.

Zu Schwein: Rosmarin, Petersilie, Schnittlauch, Basilikum, Salbei.

Zu Kalb: Estragon, Salbei, Kerbel, Basilikum.

Zu Lamm: Thymian, Oregano, Rosmarin, Majoran, Minze, Kräuter der Provence.

Zu beachten ist, dass getrocknete Kräuter mitgekocht werden, frische werden erst am Ende der Garzeit dazugegeben.

Jede Bratensoße wird raffinierter durch die Zugabe von Alkohol. Der Alkohol verfliegt beim Kochen fast vollständig; übrig bleiben die Aromastoffe. Trockener Weißwein passt zu allen Fleischsorten, besonders gut zu Kalb und Kaninchen. Verwendet man lieblichen Wein, schmeckt die Soße süßlich. Rotwein ist ein Muss für Wild, passt aber auch vorzüglich zu Rind und Lamm. Bier macht sich gut zu Schwein und Rind. Cognac, Weinbrand oder Calvados aromatisieren nicht nur, sie machen das Fleisch auch schön mürbe. Weinbrand passt zu Kalb und Kaninchen, Whisky zu Rind, Calvados zu Schwein, Lamm und Rind.

Bratensoßen lassen sich noch weiter veredeln. So hellt Sahne die Soße auf und mildert einen zu intensiven Geschmack. Kalte Butterflöckchen, in die heiße Soße eingerührt, verleihen ihr ein feines Aroma und eine leichte Bindung. Die Soße darf nach dem Einrühren nicht mehr aufkochen! Crème fraîche bindet und gibt eine feine Säure. Etwas Tomatenmark gibt der Soße eine gute Bindung und eine leichte Rotfärbung. Ist die Soße nicht dunkel genug, hilft die Zugabe von Zuckercouleur, die im Übrigen nicht süßt. Dafür lässt man einen Esslöffel Zucker in einem kleinen Topf bei großer Hitze dunkelbraun werden, löscht ihn mit etwas Wasser oder Malzbier ab und gibt das Ganze zur Soße. Kräftig dunkle Bratensoßen erhält man auch, wenn man eine Scheibe Pumpernickel in den Bratensaft bröselt. Die Soße wird besonders sämig und herzhaft. Ein tolles Aroma und eine kräftige Farbe bekommt man, wenn man den Bratensatz mit etwas kaltem Kaffee ablöscht. Ist die Bratensoße zu fett geworden, hilft ein simpler Trick: einfach einige Eiswürfel hineingleiten lassen. An ihnen sammelt sich in kürzester Zeit die Fettschicht. Jetzt werden die Eiswürfel mit einer Schaumkelle aus der entfetteten Soße gehoben.

Die besten Rezepte aus Omas Küche

SÜSS-SCHARFE ERDBEERKEULE

Für 4 Personen:

800 g *Putenkeule ohne Knochen*
Salz, Pfeffer aus der Mühle
100 g *Erdbeeren*
3 TL *Zitronengraspaste*
3 *Knoblauchzehen*
2 *rote Chilischoten*
1 EL *Butterschmalz*
2 *Zwiebeln*
1 *Karotte*
100 ml *Weißwein*
500 ml *Gemüse- oder Geflügelbrühe*
10 g *Speisestärke zum Binden*

Außerdem:
frische Erdbeeren und Basilikum zum Garnieren

1. Die Putenkeule unter fließendem Wasser waschen, trocken tupfen und der Länge nach in der Mitte so aufschneiden, dass das Fleisch an einer Seite noch zusammenhängt.

2. Das Fleisch auseinanderklappen, mit Salz und Pfeffer kräftig würzen.

3. Die Erdbeeren verlesen, waschen und klein schneiden. Mit der Zitronengraspaste, den geschälten, klein geschnittenen Knoblauchzehen und den halbierten, entkernten, gewaschenen und in Stücke geschnittenen Chilischoten im Mixer pürieren.

4. Die Masse auf dem Fleisch verteilen, das Fleisch zusammenrollen und mit Küchenschnur binden.

5. Das Butterschmalz in einem Bräter erhitzen und die Erdbeerkeule darin rundherum Farbe nehmen lassen.

6. Die Zwiebeln und die Karotte schälen, in feine Würfel schneiden, zum Fleisch geben und kurz mitbraten.

7. Den Weißwein und die Brühe angießen und die Erdbeerkeule im auf 180 °C vorgeheizten Backofen ca. 70 Minuten schmoren.

8. Nach Ende der Garzeit die Erdbeerkeule herausnehmen. Die Soße mit dem Pürierstab pürieren, erhitzen und mit etwas angerührter Speisestärke leicht binden.

9. Die Soße mit Salz und Pfeffer nachwürzen, mit der in Scheiben geschnittenen Erdbeerkeule dekorativ anrichten und mit frischen Erdbeeren und Basilikum garnieren.

10. Mit Butterkaröttchen und einer bissfest gegarten Wildreismischung sofort servieren.

GROSSMUTTERS HÜHNERFRIKASSEE

Für 4 Personen:

1 kleines Suppenhuhn (ca. 1,5 kg)
1,5 l Salzwasser
1 gespickte Zwiebel (Lorbeerblätter und Nelken)
1 Bund Suppengemüse
Salz, Pfeffer aus der Mühle
1 Prise Muskat

Außerdem:
40 g Butter
40 g Mehl
500 ml Geflügelfond
200 ml süße Sahne
einige Tropfen Zitronensaft
einige Tropfen Worcestersoße
je 150 g Erbsen und Karotten (TK-Produkt)
Kräuterzweige zum Garnieren

1. Das küchenfertige Suppenhuhn unter fließendem Wasser waschen und abtropfen lassen.

2. Das Salzwasser in einem Topf zum Kochen bringen. Die gespickte Zwiebel, das geputzte Gemüse und das Suppenhuhn einlegen, mit Salz, Pfeffer und Muskat würzen und alles bei mäßiger Hitze ca. 1 ½ Stunden köcheln lassen.

3. Nach Ende der Garzeit das Suppenhuhn herausnehmen, gut abtropfen lassen, das Fleisch auslösen und in mundgerechte Stücke schneiden.

4. Die Butter in einem Topf erhitzen und das Mehl mit dem Schneebesen einrühren. 500 ml Geflügelfond abmessen und mit dem Schneebesen in die Mehlbutter einrühren. Das Ganze zum Kochen bringen und bei mäßiger Hitze ca. acht Minuten köcheln lassen.

5. Die Soße durch ein Sieb streichen, die Sahne angießen und erneut aufkochen lassen.

6. Die Soße mit Salz, Pfeffer, Zitronensaft und Worcestersoße kräftig abschmecken. Die Erbsen und Karotten in die Soße geben und bissfest garen.

7. Das Fleisch unterheben, alles erhitzen und nachwürzen.

8. Das Hühnerfrikassee dekorativ anrichten, mit Kräuterzweigen garnieren, mit Petersilienkartoffeln und gemischtem Salat sofort servieren.

Hackrolle mit Gemüse-Reis-Füllung

Für 4 Personen:

800 g Schweinehack
6 Scheiben Toastbrot
200 ml heiße Milch, 2 Eier
2–3 EL mittelscharfer Senf
2–3 EL Meerrettich
Salz, Pfeffer aus der Mühle
1 Prise Cayennepfeffer
Semmelbrösel zum Binden

Für die Füllung:
500 ml Gemüse- oder Fleischbrühe
2 Karotten, 1 Stange Lauch
2 Zwiebeln, 1–2 EL Olivenöl
250 g Langkornreis
1 ½ EL Curry, 1 TL geriebene Zitronenschale, 1 Ei

Außerdem:
Salatblätter, Kräuterzweige und gewürfelte rote Zwiebeln zum Garnieren

1. Das Hackfleisch in eine Schüssel geben. Toastbrot würfeln, mit der heißen Milch übergießen und kurz ziehen lassen. Mit den Eiern, dem Senf und dem Meerrettich zum Fleisch geben. Mit Salz, Pfeffer und Cayennepfeffer kräftig würzen. Das Ganze zu einer glatten, kompakten Masse verarbeiten und mit Semmelbröseln leicht binden.

2. Für die Füllung die Brühe erhitzen. Karotten schälen, Lauch putzen und waschen. Das Gemüse in Stücke schneiden und in der Brühe bissfest garen. Herausnehmen, gut abtropfen lassen und bereitstellen. Die Zwiebeln schälen und würfeln. Olivenöl erhitzen und die Zwiebeln darin glasig schwitzen.

3. Den Reis waschen, gut abtropfen lassen, zu den Zwiebeln geben und kurz mitschwitzen. Mit Curry bestäuben, mit der geriebenen Zitronenschale bestreuen und die Gemüsebrühe angießen. Den Reis zum Kochen bringen und bei mäßiger Hitze 15–20 Minuten unter ständigem Rühren garen.

4. Reis abgießen, abtropfen lassen, mit dem Ei zum Gemüse geben und vermischen. Die Hackfleischmasse auf eine Arbeitsfläche geben und zu einem Rechteck ausrollen. Die Reismischung darauf verteilen und das Ganze zu einer Rolle formen.

5. Ein Stück Alufolie mit Olivenöl bestreichen, die Hackfleischrolle darauflegen und in die Alufolie wickeln. Die Hackrolle auf ein Backblech setzen und im auf 170 °C vorgeheizten Backofen 50–60 Minuten garen.

6. Die Hackrolle aus dem Ofen nehmen, die Alufolie entfernen und die Rolle in Scheiben schneiden. Die Hackrolle dekorativ anrichten, mit Salatblättern und Kräuterzweigen garnieren, mit gewürfelten Zwiebeln bestreuen und warm oder kalt servieren.

GEMÜSELASAGNE

Für 4 Personen:

*3 Zwiebeln, 2 Knoblauchzehen
3–4 EL Olivenöl, 2–3 Karotten
1 Sellerieknolle, 1 Stange Lauch
50 g Tomatenmark, 2 Packungen
passierte Tomaten (à 400 g)
Salz, Pfeffer aus der Mühle
Cayennepfeffer, Zucker
1 EL gerebelter Oregano
1 Packung Lasagneplatten ohne
Vorkochen (400 g)
Olivenöl zum Ausfetten
200 g Bel-Paese-Käse
Kräuterzweige zum Garnieren*

1. Zwiebeln und Knoblauch schälen und würfeln. Olivenöl erhitzen und beides darin glasig schwitzen. Die Karotten und den Sellerie schälen und fein würfeln, zu den Knoblauchzwiebeln geben und mitbraten.

2. Den Lauch putzen, waschen, in Scheiben schneiden, zum Gemüse geben und braten.

3. Das Tomatenmark und die passierten Tomaten einrühren, zum Kochen bringen und bei mäßiger Hitze 6–8 Minuten köcheln lassen.

4. Die Soße mit Salz, Pfeffer, Cayennepfeffer, Zucker und Oregano würzen.

5. Die Gemüsesoße mit den Lasagneplatten schichtweise in eine ausgefettete Auflaufform füllen, mit geriebenem Käse bestreuen und im auf 180–200 °C vorgeheizten Backofen 25–30 Minuten garen.

6. Die Gemüselasagne aus dem Ofen nehmen, dekorativ anrichten, mit Kräuterzweigen garnieren und sofort servieren.

JÄGERSCHNITZEL
(ohne Abbildung)

Für 4 Personen:

*8 Schweineschnitzel à 100 g, Salz,
Pfeffer aus der Mühle, Mehl zum
Wenden, 2 Eier, 150 g Semmelbrösel,
Butterschmalz zum Braten*

Für die Soße:
*100 g Schinkenspeck, 1 Zwiebel
400 g Champignons, Saft von
1 Zitrone, 400 ml gebundene
Bratensoße, 100 ml süße Sahne
2 EL mittelscharfer Senf*

1. Die Schweineschnitzel unter fließendem Wasser waschen, trocken tupfen, mit Salz und Pfeffer würzen und in Mehl wenden.

2. Die Schnitzel durch die verschlagenen Eier ziehen und mit den Semmelbröseln panieren.

3. Das Butterschmalz erhitzen, die Schnitzel darin braten, herausnehmen und warm stellen.

4. Den Schinkenspeck in feine Würfel schneiden, ins verbliebene

Bratfett geben und auslassen. Die Zwiebel schälen, würfeln, zum Speck geben und mitbraten.

5. Die Champignons verlesen, putzen, je nach Bedarf klein schneiden, mit Zitronensaft beträufeln, zu den Speckzwiebeln geben und kurz mitbraten.

6. Die Bratensoße angießen, zum Kochen bringen und bei mäßiger Hitze 6–8 Minuten köcheln lassen. Die Sahne mit dem Senf einrühren und die Soße mit Salz und Pfeffer würzen.

7. Die Schnitzel mit der Soße dekorativ anrichten, mit Kräuterzweigen und Tomatenröschen garnieren und mit Spätzle und einem gemischten Salat sofort servieren.

ITALIENISCHE BRATKARTOFFELN

Für 4 Personen:

800 g möglichst kleine, gleich große Pellkartoffeln, 75 ml Olivenöl, je 2 Zweige Rosmarin und Thymian, 100 g getrocknete Tomaten je 75 g Parmaschinken und mit Paprika gefüllte, grüne Oliven 100 ml Weißwein 100 ml Gemüse- oder Fleischbrühe Salz, Pfeffer aus der Mühle Parmaschinkenscheiben und Basilikum zum Garnieren

1. Die Pellkartoffeln schälen, je nach Größe halbieren oder vierteln.

2. Das Olivenöl in einer großen Pfanne erhitzen, die Kartoffeln dazugeben und braten.

3. Die Kräuterzweige verlesen, zerpflücken, zu den Kartoffeln geben und mitbraten.

4. Die getrockneten Tomaten je nach Größe halbieren oder vierteln, mit dem in Streifen geschnittenen Parmaschinken zu den Kartoffeln geben und kurz mitbraten.

5. Die Oliven untermischen. Den Weißwein und die Gemüse- oder Fleischbrühe angießen und das Ganze bei starker Hitze so lange braten, bis die Flüssigkeit verdampft ist. Mit Salz und Pfeffer würzen.

6. Die italienischen Bratkartoffeln dekorativ anrichten, mit Parmaschinkenscheiben und Basilikum garnieren und sofort servieren.

KARTOFFELAUFLAUF
(ohne Abbildung)

Für 4 Personen:

800 g Kartoffeln, 500 ml Milch Salz, Pfeffer aus der Mühle Muskat, Cayennepfeffer 500 g Schweinefilet 1 TL Paprikapulver edelsüß Butterschmalz zum Braten und Ausfetten, 1 rote Paprikaschote 4 Frühlingszwiebeln

Außerdem:
50 g geriebener Parmesankäse 100 g geriebener Emmentaler Basilikumblättchen zum Garnieren

1. Die Kartoffeln unter fließendem Wasser waschen, schälen und in Spalten schneiden.

2. Die Milch in einem Topf erhitzen, mit Salz, Pfeffer, Muskat und Cayennepfeffer würzen und die Kartoffelspalten darin fünf Minuten kochen. Herausnehmen und bereitstellen.

3. Das Schweinefilet waschen, trocken tupfen, in Scheiben schneiden, mit Salz, Pfeffer und Paprikapulver würzen. Butterschmalz in einer Pfanne erhitzen und das Fleisch darin kurz anbraten.

4. Die Paprikaschote halbieren, entkernen, waschen und in feine Streifen schneiden. Die Frühlingszwiebeln putzen, waschen und in Scheiben schneiden.

5. Eine Auflaufform ausfetten, die Fleischscheiben mit den Kartoffelspalten, den Paprikastreifen und den Frühlingszwiebeln in die Form schichten.

6. Die Milch mit dem Parmesankäse und dem Emmentaler verrühren, über den Auflauf gießen und den Auflauf im auf 200 °C vorgeheizten Backofen 30 Minuten garen.

7. Den Auflauf aus dem Backofen nehmen, dekorativ anrichten, mit Basilikumblättchen garnieren und sofort servieren.

Kohlrouladen mit Tomatensosse

Für 4 Personen:

1 kleiner Kohlkopf
Salzwasser oder Gemüsebrühe zum Blanchieren

Für die Füllung:
600 g gemischtes Hackfleisch
1 altbackenes, in Milch eingeweichtes Brötchen, 2 Knoblauchzehen
1 Bund glatte Petersilie, 1 Ei
Salz, Pfeffer aus der Mühle
1 Prise Cayennepfeffer
Butter zum Ausfetten
200 ml Weißwein
300 ml Gemüse- oder Fleischbrühe

Außerdem:
150 g Schalotten, 250 g Tomaten
1–2 EL Olivenöl, 2 Knoblauchzehen
3–4 EL Tomatenmark, 2–3 EL Basilikumpesto (Fertigprodukt)
frisch gehobelter Parmesankäse
Basilikum zum Garnieren

1. Den Kohl putzen und die Blätter ablösen. Salzwasser oder Gemüsebrühe in einem Topf erhitzen und die Kohlblätter darin blanchieren. Herausnehmen, gut abtropfen lassen und je 2–3 Kohlblätter übereinander auf eine Arbeitsfläche legen.

2. Für die Füllung das Hackfleisch mit dem gut ausgedrückten Brötchen, den geschälten und fein gehackten Knoblauchzehen, der verlesenen, gewaschenen und fein gehackten Petersilie sowie dem Ei in eine Schüssel geben.

3. Mit Salz, Pfeffer und Cayennepfeffer kräftig würzen und das Ganze zu einer glatten, kompakten Masse verarbeiten. Je eine Portion Hackmasse auf die Kohlblätter geben und mithilfe eines sauberen Küchentuches zu Rouladen drehen.

4. Die Kohlrouladen in eine ausgefettete Auflaufform setzen, mit dem Weißwein und der Brühe übergießen und im auf 180–200 °C vorgeheizten Backofen 30–35 Minuten garen.

5. Die Schalotten schälen und würfeln. Die Tomaten waschen, den Strunk herausschneiden und die Tomaten würfeln. Das Olivenöl in einer Pfanne erhitzen, die geschälten und fein gehackten Knoblauchzehen mit den Schalottenwürfeln ins Fett geben und glasig schwitzen.

6. Die Tomaten einrühren und mitschwitzen. Zum Schluss das Tomatenmark einrühren. Nach Ende der Garzeit die Kohlrouladen aus dem Fond nehmen, abtropfen lassen und warm stellen.

7. Den Fond zu den Tomaten geben und das Ganze bei starker Hitze einreduzieren lassen. Die Kohlrouladen mit der Soße dekorativ anrichten, mit Basilikumpesto beträufeln, mit frisch gehobeltem Parmesankäse bestreuen. Mit Basilikum garnieren und sofort servieren.

Schweinerücken mit Meerrettichkruste

Für 4 Personen:

800 g Schweinerückenfilet
Salz, Pfeffer aus der Mühle
je 1 TL gerebelter Majoran,
Thymian und Rosmarin
2–3 EL Butterschmalz
500 g Kartoffeln
2–3 EL Meerrettich
2–3 EL Butterschmalz
1 Prise Muskat
1 Prise Cayennepfeffer
500 ml Gemüse- oder Fleischbrühe

Außerdem:
150 g Schalotten
1–2 EL Butter
200 ml Rotwein
dunkler Soßenbinder

1. Das Fleisch unter fließendem Wasser waschen, trocken tupfen, mit Salz, Pfeffer, Majoran, Thymian und Rosmarin kräftig würzen.

2. Das Butterschmalz in einem Bräter erhitzen und das Fleisch darin rundherum Farbe nehmen lassen.

3. Die Kartoffeln waschen, schälen und grob raspeln. Mit dem Meerrettich vermischen.

4. Das Butterschmalz in einer Pfanne erhitzen und die Kartoffelmasse darin kurz braten.

5. Mit Salz, Pfeffer, Muskat und Cayennepfeffer würzen, gleichmäßig auf dem Schweinerücken verteilen, leicht andrücken und das Fleisch in dem auf 180–200 °C vorgeheizten Backofen 35–40 Minuten garen.

6. Während der Garzeit öfter mit der Gemüse- oder Fleischbrühe ablöschen.

7. Nach Ende der Garzeit den Schweinerücken mit Meerrettichkruste aus dem Ofen nehmen und warm stellen.

8. Die restliche Brühe zum Bratenfond geben und einmal kräftig aufkochen lassen.

9. Die Schalotten schälen, halbieren oder vierteln. Die Butter in einer Pfanne erhitzen und die Schalotten darin anschwitzen.

10. Den Rotwein und den Bratenfond angießen und die Schalotten bissfest garen.

11. Die Soße mit etwas dunklem Soßenbinder leicht binden. Den Braten in Scheiben schneiden, mit der Schalottensoße dekorativ anrichten und mit einem Karotten-Zucchini-Gemüse sofort servieren.

Gefüllte Kalbsbrust

Für 4 Personen:

1,5 kg Kalbsbrust ohne Knochen (vom Metzger zum Füllen vorbereiten lassen)
Salz, Pfeffer aus der Mühle

Für die Füllung:
3 altbackene Brötchen
200 ml heiße Milch
300 g gemischtes Hackfleisch
1 Zwiebel, 1 Ei
½ Bund Petersilie
1 EL gerebelter Majoran
1 TL gerebelter Thymian

Außerdem:
2 Zwiebeln
2 Karotten
1 Stück Sellerie
300 ml Rotwein
400 ml Gemüse- oder Fleischbrühe
dunkler Soßenbinder
Kräuterzweige zum Garnieren

1. Die küchenfertige Kalbsbrust unter fließendem Wasser waschen, trocken tupfen, innen und außen mit Salz und Pfeffer kräftig würzen.

2. Die Brötchen in Würfel schneiden, mit der heißen Milch übergießen und kurz ziehen lassen.

3. Das Hackfleisch, die geschälte und fein gewürfelte Zwiebel, das Ei, die verlesene, gewaschene und fein geschnittene Petersilie, den Majoran, den Thymian und die gut ausgedrückten Brötchen zu einer glatten Masse verarbeiten. Mit Salz und Pfeffer würzen.

4. Die Masse in die Kalbsbrust füllen, gut andrücken, diese zunähen oder mit Rouladennadeln feststecken.

5. Die Kalbsbrust in einen Bräter legen. Die Zwiebeln, die Karotten und den Sellerie schälen, in grobe Würfel schneiden und zum Fleisch geben.

6. Den Rotwein und die Gemüse- oder Fleischbrühe angießen und das Ganze im auf 180 °C vorgeheizten Backofen etwa zwei Stunden garen.

7. Während der Garzeit die Kalbsbrust öfter mit dem Fond übergießen. Anschließend die gegarte Kalbsbrust herausnehmen und warm stellen.

8. Den Fond durch ein Sieb streichen und erneut erhitzen. Mit etwas dunklem Soßenbinder leicht binden. Mit Salz und Pfeffer abrunden.

9. Die gefüllte Kalbsbrust in Scheiben schneiden, mit der Soße dekorativ anrichten, mit Kräuterzweigen garnieren und mit Kartoffelknödeln und Rahmspinat sofort servieren.

Schwarzwurzeln im Teigmantel

Für 4 Personen:

1 kg Schwarzwurzeln, 1 Zitrone
50 g Butter, Salzwasser oder
Gemüsebrühe zum Garen

Für die Füllung:
300 g Karotten, 2 Schalotten
150 g geriebener Butterkäse
je ½ Bund Petersilie und Basilikum,
Salz, Pfeffer aus der Mühle, Muskat
Zucker, Cayennepfeffer
einige Tropfen Zitronensaft
einige Tropfen Worcestersoße

Für den Teig:
150 g Mehl, 1 ½ TL Backpulver
75 g Magerquark
1 ½ EL Olivenöl, 4 EL Milch
1 Prise Salz
1 Eigelb zum Bestreichen

Außerdem:
Basilikum und Kirschtomaten zum Garnieren

1. Die Schwarzwurzeln unter fließendem Wasser abbürsten und schälen. Die Zitrone halbieren, mit der Butter, dem Salzwasser oder der Gemüsebrühe in einen Topf geben und zum Kochen bringen.

2. Die Schwarzwurzeln dazugeben, bei mäßiger Hitze bissfest garen, herausnehmen, gut abtropfen lassen und warm stellen.

3. Die Karotten schälen, grob raspeln, die Schalotten schälen und fein würfeln. Karotten, Schalotten, geriebenen Butterkäse und verlesene, gewaschene und fein gehackte Kräuter in einer Schüssel vermischen. Mit Salz, Pfeffer, Muskat, Zucker, Cayennepfeffer, Zitronensaft und Worcestersoße kräftig abschmecken.

4. Für den Teig das gesiebte Mehl mit dem Backpulver, dem Magerquark, dem Olivenöl, der Milch und dem Salz auf einer Arbeitsfläche zu einem glatten, kompakten Teig verkneten. Den Teig zugedeckt an einem warmen Ort etwa ½ Stunde ruhen lassen.

5. Den Teig auf einer bemehlten Arbeitsfläche dünn ausrollen. Die Schwarzwurzeln und die Karottenmischung gleichmäßig darauf verteilen. Den Teig darüberlegen, zu einem Strudel aufrollen und auf ein mit Backtrennpapier belegtes Backblech legen.

6. Das Eigelb mit etwas Wasser verschlagen und den Strudel damit bestreichen. Den Strudel im auf 180–200 °C vorgeheizten Backofen 35–40 Minuten backen.

7. Nach Ende der Backzeit die Schwarzwurzeln im Teigmantel aus dem Ofen nehmen, in Scheiben schneiden, dekorativ anrichten, mit Basilikum und Kirschtomatenhälften garnieren und sofort servieren.

Rote Linsensuppe mit Pernod

Für 4 Personen:

*200 g rote Linsen, 300 g Kartoffeln
200 g Karotten, 200 g Rosenkohl
1 Zwiebel, 2–3 EL Butter
1 l Gemüse- oder Fleischbrühe
Salz, Pfeffer aus der Mühle
Muskat, Cayennepfeffer, Zucker
1 Bund Petersilie, 4–6 cl Pernod*

1. Linsen waschen und gut abtropfen lassen. Kartoffeln und Karotten schälen, Kartoffeln würfeln und Karotten in Scheiben schneiden. Rosenkohl verlesen, waschen und gut abtropfen lassen. Je nach Größe halbieren oder vierteln.

2. Die Zwiebel schälen und fein würfeln. Die Butter in einem Topf erhitzen und die Zwiebel darin glasig schwitzen. Das Gemüse und die Linsen dazugeben und mitschwitzen.

3. Die Gemüse- oder Fleischbrühe angießen und zum Kochen bringen. Mit Salz, Pfeffer, Muskat, Cayennepfeffer und Zucker abschmecken und die Suppe bei mäßiger Hitze 20–25 Minuten köcheln lassen.

4. Petersilie verlesen, waschen, klein schneiden und mit dem Pernod unter die Suppe ziehen. Die Linsensuppe nachwürzen, dekorativ anrichten, garnieren und sofort servieren.

Roastbeef in Pfeffersosse
(ohne Abbildung)

Für 4 Personen:

*800 g Roastbeef ohne Fettrand
2 Knoblauchzehen, 1 TL Salz, 1 TL geschrotete Pfefferkörner, Butterschmalz zum Braten, 4 Zwiebeln
300 ml Rotwein, 300 ml Gemüse- oder Fleischbrühe, 2 EL Senf
2 Lorbeerblätter, Wacholderbeeren, Pfefferkörner, 1 EL Senfkörner*

Außerdem:
2 TL geschrotete schwarze Pfefferkörner, 6 cl roter Portwein dunkler Soßenbinder, Salz, Pfeffer aus der Mühle, 1 Prise Zucker

1. Das küchenfertige Roastbeef unter fließendem Wasser waschen und trocken tupfen. Den Knoblauch schälen, hacken, mit Salz zu einer Paste zerreiben, das Roastbeef damit einreiben und mit den geschroteten Pfefferkörnern bestreuen.

2. Das Butterschmalz in einem Bräter erhitzen und das Roastbeef darin rundherum Farbe nehmen lassen. Die Zwiebeln schälen, würfeln, zum Roastbeef geben und kurz mitbraten.

3. Mit Rotwein ablöschen und die Gemüse- oder Fleischbrühe angießen. Den Senf einrühren, die

Lorbeerblätter, die Wacholderbeeren, die Pfefferkörner und die Senfkörner dazugeben und alles zugedeckt im auf 180 °C vorgeheizten Backofen 90 Minuten schmoren lassen.

4. Nach Ende der Garzeit das Roastbeef aus der Soße nehmen, in Scheiben schneiden und warm stellen. Die Soße durch ein Sieb passieren und erneut erhitzen.

5. Die geschroteten Pfefferkörner und den Portwein in die Soße geben, bei starker Hitze kurz einreduzieren lassen und mit dunklem Soßenbinder leicht binden.

6. Die Soße mit Salz, Pfeffer und Zucker abrunden, mit dem Roastbeef dekorativ anrichten, mit Zucchini-Frühlingszwiebel-Gemüse und

Schwarzwurzelauflauf

Für 4 Personen:

1 kg Schwarzwurzeln
1 unbehandelte Zitrone
50 g Butter
Salzwasser oder Gemüsebrühe zum Garen

Für die Soße:
1 Zwiebel
2–3 EL Butter
250 g frische Champignons
Saft von 1 Zitrone
250 g Tomaten
Salz, Pfeffer aus der Mühle
1 Prise Muskat
1 Prise Cayennepfeffer

Zum Überbacken:
200 g Sahneschmelzkäse
100 ml Milch
150 g geriebener Butterkäse
1–2 EL Basilikumpesto
(Fertigprodukt)
½ Bund Petersilie

Außerdem:
Kräuterzweige zum Garnieren

1. Die Schwarzwurzeln unter fließendem Wasser abbürsten, schälen und in grobe Stücke schneiden.

2. Die Zitrone halbieren, mit der Butter, dem Salzwasser oder der Gemüsebrühe in einen Topf geben und zum Kochen bringen.

3. Die Schwarzwurzeln dazugeben, bei mäßiger Hitze bissfest garen, herausnehmen, gut abtropfen lassen und warm stellen.

4. Die Zwiebel schälen und fein würfeln. Die Butter in einer Pfanne erhitzen und die Zwiebel darin glasig schwitzen.

5. Die Champignons putzen, waschen, in Scheiben schneiden, mit Zitronensaft beträufeln, zu der Zwiebel geben und mitschwitzen.

6. Die Tomaten waschen, den Strunk entfernen, die Tomaten achteln, mit den Schwarzwurzeln zu den Pilzen geben, durchschwenken und erhitzen. Mit Salz, Pfeffer, Muskat und Cayennepfeffer abschmecken und in eine feuerfeste Auflaufform füllen.

7. Den Sahneschmelzkäse mit der Milch und dem geriebenen Butterkäse vermischen. Das Basilikumpesto unterrühren, mit Salz, Pfeffer, Muskat und Cayennepfeffer abschmecken. Die verlesene, gewaschene und fein gehackte Petersilie untermischen.

8. Die Käsemischung gleichmäßig auf dem Gemüse verteilen und den Auflauf im auf 180–200 °C vorgeheizten Backofen 20–25 Minuten garen.

9. Nach Ende der Garzeit den Schwarzwurzelauflauf herausnehmen, dekorativ anrichten, mit Kräuterzweigen garnieren und sofort servieren.

33

Putenbraten mit Wirsingfüllung

Für 4 Personen:

800 g Putenbrust (vom Metzger zum Füllen vorbereiten lassen)
Salz, Pfeffer aus der Mühle
1 Prise Cayennepfeffer
Saft von 1 Zitrone
2–3 EL mittelscharfer Senf

Für die Füllung:
400 g blanchierter Wirsing (frisch oder TK-Produkt)
5 Scheiben Toastbrot
100 ml heiße Milch, 1 TL Butter
1 Zwiebel, 1 Ei
100 g geriebener Butterkäse
Muskat, Cayennepfeffer

Außerdem:
Butterschmalz zum Anbraten
1 Zwiebel, 2 Karotten
1 Stück Sellerie, 200 ml Weißwein
300 ml Gemüse- oder Geflügelbrühe
200 ml süße Sahne
Speisestärke zum Binden
Kräuterzweige zum Garnieren

1. Die Putenbrust waschen, trocken tupfen, mit Salz, Pfeffer und Cayennepfeffer kräftig würzen. Den Zitronensaft mit dem Senf verrühren und die Putenbrust auf einer Seite damit bestreichen.

2. Für die Füllung den Wirsing nach Bedarf klein schneiden und in eine Schüssel geben. Das Toastbrot in feine Würfel schneiden, mit der heißen Milch übergießen, kurz ziehen lassen und zum Wirsing geben.

3. Die Butter erhitzen. Die geschälte, fein gewürfelte Zwiebel darin glasig schwitzen, vom Herd nehmen und abkühlen lassen.

4. Zwiebel, Ei und Käse zum Wirsing geben und alles vermischen. Mit Salz, Pfeffer, Muskat und Cayennepfeffer abschmecken. Gleichmäßig auf dem Fleisch verteilen, zu einem Rollbraten formen und mit Küchenschnur binden. Schmalz in einem Bräter erhitzen und den Braten darin Farbe nehmen lassen.

5. Zwiebel, Karotten und Sellerie schälen, würfeln, zum Fleisch geben und kurz mitbraten. Den Weißwein und die Gemüse- oder Geflügelbrühe angießen und den Putenbraten im auf 180–200 °C vorgeheizten Backofen 50–60 Minuten garen.

6. Den Putenbraten herausnehmen und warm stellen. Die Soße durch ein Sieb streichen und erneut erhitzen. Die Sahne einrühren, zum Kochen bringen und die Soße mit angerührter Speisestärke binden. Mit Salz, Pfeffer, Muskat und Cayennepfeffer abrunden.

7. Den Putenbraten in Scheiben schneiden, mit der Soße dekorativ anrichten, mit Kräuterzweigen garnieren und mit Romanesco-Gemüse und Kartoffelpüree sofort servieren.

35

Kartoffelschnitzel mit Speckböhnchen

Für 4 Personen:

4 Schweineschnitzel
Salz, Pfeffer aus der Mühle
Mehl zum Wenden

Für die Kartoffelkruste:
600 g Kartoffeln
1 Prise Cayennepfeffer
1 Prise Muskat
2 Eier
Butterschmalz zum Braten

Für die Bohnen:
600 g grüne Bohnen
Gemüsebrühe zum Garen
100 g durchwachsener, geräucherter, in dünne Scheiben geschnittener Speck
Butter zum Braten

Außerdem:
Kräuterzweige zum Garnieren

1. Die Schweineschnitzel unter fließendem Wasser waschen, trocken tupfen, leicht klopfen, mit Salz und Pfeffer würzen und in Mehl wenden.

2. Die Kartoffeln schälen, waschen, grob reiben, ausdrücken und in eine Schüssel geben. Mit Salz, Pfeffer, Cayennepfeffer und Muskat würzen.

3. Die Schnitzel durch die verschlagenen Eier ziehen und mit den geriebenen Kartoffeln panieren.

4. Reichlich Butterschmalz in einer Pfanne erhitzen und die Schnitzel darin langsam auf beiden Seiten goldbraun braten.

5. Die grünen Bohnen verlesen, waschen und gut abtropfen lassen. Die Gemüsebrühe erhitzen und die Bohnen darin bissfest garen.

6. Herausnehmen und gut abtropfen lassen. Jeweils 6–8 Bohnen in eine dünne Speckscheibe einwickeln und in der erhitzten Butter 4–5 Minuten braten.

7. Die Kartoffelschnitzel mit den Speckböhnchen dekorativ anrichten, mit Kräuterzweigen garnieren und mit gebratenen Schalotten sofort servieren.

SCHWEINESCHNITZEL MIT ZWIEBELGEMÜSE

Für 4 Personen:

*8 Schweineschnitzel à 60–80 g
Salz, Pfeffer aus der Mühle
Mehl zum Wenden, 2–3 EL Butterschmalz, 4 Zwiebeln, 100 ml helles Bier, 300 ml Gemüse- oder Fleischbrühe, 1–2 EL Zuckerrübensirup
1–2 EL Obstessig, 1 EL Paprikapulver, 1 Prise Cayennepfeffer
Kräuterzweige zum Garnieren*

1. Die Schnitzelchen waschen, trocken tupfen, mit Salz und Pfeffer würzen und im Mehl wenden. Das Butterschmalz erhitzen, die Schnitzel darin braten, herausnehmen und warm stellen.

2. Die Zwiebeln schälen, in Scheiben schneiden, ins Bratfett geben und glasig schwitzen. Bier und Brühe angießen und die Soße einreduzieren lassen.

3. Zuckerrübensirup, Obstessig und Paprikapulver in die Soße einrühren und diese mit Salz, Pfeffer und Cayennepfeffer würzen. Das Fleisch in die Soße geben und kurz darin ziehen lassen. Die Schnitzelchen dekorativ anrichten, mit Kräuterzweigen garnieren und mit einem Zucchinigemüse sofort servieren.

KALBSRAHMBRATEN
(ohne Abbildung)

Für 4 Personen:

*1 kg Kalbsbraten, Salz, Pfeffer
1 TL geriebene Zitronenschale
1 TL Paprikapulver edelsüß
1 EL Butterschmalz, 3 Zwiebeln
1 Bund Suppengemüse
je 300 ml Weißwein und Brühe
1 Lorbeerblatt, 1 Rosmarinzweig
2–3 Salbeiblätter, 1 TL Wacholderbeeren, 1 TL Pfefferkörner
200 ml süße Sahne
Speisestärke zum Binden
1 EL Akazienhonig
einige Tropfen Zitronensaft
Kräuterzweige zum Garnieren*

1. Das Fleisch unter fließendem Wasser waschen und gut trocken tupfen. Mit Salz, Pfeffer, Zitronenschale und Paprikapulver würzen.

2. Das Butterschmalz in einem Bräter erhitzen und den Braten darin von allen Seiten anbraten.

3. Die Zwiebeln schälen, würfeln und dazugeben.

4. Das Suppengemüse putzen, waschen, würfeln und ebenfalls dazugeben.

5. Den Wein und die Brühe angießen. Lorbeerblatt, Rosmarin,

Salbei, Wacholderbeeren und Pfefferkörner in den Bratensaft geben und das Ganze 90 Minuten schmoren lassen. Den Braten aus der Soße nehmen und warm stellen.

6. Die Soße durch ein Sieb passieren, zurück in den Bräter geben und kurz einreduzieren lassen.

7. Die Sahne dazugeben, einmal aufkochen lassen, mit Speisestärke leicht binden, mit Honig und Zitronensaft abschmecken.

8. Den Braten in Scheiben schneiden, auf Tellern dekorativ anrichten, mit Kräuterzweigen garnieren und mit Rösti sofort servieren.

Lachstäschchen auf Spinat

Für 4 Personen:

Für den Teig:
300 g Mehl, 3 Eier, 2 EL Wasser
1 TL Olivenöl, 1 Prise Salz
1 Prise Muskat

Für die Füllung:
1 Zwiebel, 1 EL Butter, 200 g
Schichtkäse, 2 Eier, 250 g Räucherlachs, Salz, Pfeffer aus der Mühle
1 Prise Cayennepfeffer, 1 Bund
Kerbel, Semmelbrösel zum Binden
1 Eiweiß, Gemüsebrühe zum Garen

Außerdem:
50 g Butter, 1 Zwiebel
2 Knoblauchzehen
500 g Blattspinat
200 g Kirschtomaten
Saft von 2 Limetten
200 ml süße Sahne
50 g gehobelter Parmesankäse
Kräuterzweige zum Garnieren

1. Das gesiebte Mehl mit den Eiern, dem Wasser, dem Olivenöl, dem Salz und dem Muskat zu einem glatten, geschmeidigen Teig verkneten und zugedeckt an einem warmen Ort 30 Minuten ruhen lassen.

2. Den Teig auf einer bemehlten Arbeitsfläche hauchdünn ausrollen und Quadrate ausradeln.

3. Für die Füllung die Zwiebel schälen und fein würfeln. Die Butter in einer Pfanne erhitzen und die Zwiebel darin glasig schwitzen.

4. Den Schichtkäse mit den Eiern glatt rühren, mit der Zwiebel und 125 g fein gehacktem Räucherlachs vermischen. Mit Salz, Pfeffer und Cayennepfeffer würzen. Den Kerbel verlesen, waschen, fein schneiden und unter die Lachsmasse rühren, mit Semmelbröseln leicht binden.

5. Die Masse auf den Teigquadraten verteilen und die Kanten mit etwas verschlagenem Eiweiß bestreichen. Den Teig zusammenklappen und die Ränder gut festdrücken.

6. Die Gemüsebrühe erhitzen und die Lachstäschchen darin 6–8 Minuten garen. Wenn sie an der Oberfläche schwimmen, herausnehmen, gut abtropfen lassen und warm stellen.

7. Die Butter erhitzen, die Zwiebel und die Knoblauchzehen schälen, fein würfeln, ins Fett geben und glasig schwitzen. Den Spinat verlesen, waschen, gut abtropfen lassen, zu den Knoblauchzwiebeln geben und fünf Minuten mitdünsten.

8. Die Kirschtomaten waschen, den Strunk herausschneiden, die Tomaten halbieren, zum Spinat geben und kurz mitschwitzen.

9. Den Limettensaft angießen, mit der Sahne hinzufügen und alles bei mäßiger Hitze 3–4 Minuten köcheln lassen. Das Spinatgemüse mit Salz und Pfeffer würzen, auf Tellern anrichten, mit den Lachstäschchen belegen. Den restlichen Räucherlachs dazugeben, mit gehobeltem Parmesankäse bestreuen, mit Kräuterzweigen garnieren und sofort servieren.

Gebackene Eier mit Kräuterquark

Für 4 Personen:

Für den Bierteig:
100 ml dunkles Bier, 2 Eigelb
80 g Mehl, ½ TL Salz
2 Eiweiß, 1 Prise Zucker
8 hart gekochte Eier
Frittierfett zum Ausbacken

Für den Kräuterquark:
500 g Magerquark
100 ml Mineralwasser
je ½ Bund Petersilie, Basilikum und Dill
1 Bund Schnittlauch
2 EL Sahnemeerrettich
Salz, Pfeffer aus der Mühle
1 Prise Cayennepfeffer

Für den Salat:
2 rote Zwiebeln
1 gelbe Paprikaschote
2 Tomaten
1 EL Zucker
75 ml Aceto balsamico
75 ml Olivenöl

Außerdem:
Kräuterzweige zum Garnieren

1. Das Bier, die Eigelbe, das gesiebte Mehl und das Salz in eine Schüssel geben und zu einem glatten Teig verrühren.

2. Die Eiweiße mit dem Zucker steif schlagen und unter den Teig heben.

3. Die Eier pellen, durch den Teig ziehen und im schwimmenden Fett goldgelb ausbacken.

4. Den Magerquark mit dem Mineralwasser in einer Schüssel glatt rühren. Die verlesenen, gewaschenen und fein geschnittenen Kräuter und den Sahnemeerrettich unterrühren, mit Salz, Pfeffer und Cayennepfeffer würzen.

5. Die Zwiebeln schälen und in feine Scheiben schneiden. Die Paprikaschote halbieren, entkernen, waschen und in feine Streifen schneiden.

6. Die Tomaten waschen, den Strunk herausschneiden und die Tomaten achteln.

7. Die Salatzutaten in einer Schüssel vermischen, mit Zucker, Salz und Pfeffer würzen. Mit dem Aceto balsamico und dem Olivenöl beträufeln und kurz ziehen lassen.

8. Die gebackenen Eier mit dem Salat dekorativ anrichten, den Kräuterquark dazugeben, mit Kräuterzweigen garnieren und sofort servieren.

Pochierte Eier auf grüner Sosse

Für 4 Personen:

1 Zwiebel
1 EL Butter
300 ml Gemüse- oder Geflügelbrühe
Salz, Pfeffer aus der Mühle
1 Prise Muskat
1 Prise Cayennepfeffer
je ½ Bund Petersilie, Basilikum und Zitronenmelisse
1 EL Basilikumpesto (Fertigprodukt)
200 g Doppelrahmfrischkäse

Außerdem:
1 Zwiebel
1 rote Paprikaschote
1 EL Butter
2 Tomaten
Essigwasser zum Pochieren
8 Eier
Kräuterzweige zum Garnieren

1. Die Zwiebel schälen und fein würfeln. Die Butter in einem Topf erhitzen und die Zwiebelwürfel darin glasig schwitzen.

2. Die Brühe angießen und zum Kochen bringen. Mit Salz, Pfeffer, Muskat und Cayennepfeffer kräftig würzen.

3. Die Kräuter verlesen, waschen, klein schneiden und in die Brühe geben. Die Brühe mit dem Pürierstab pürieren.

4. Das Basilikumpesto und den Doppelrahmfrischkäse einrühren, erhitzen, aber nicht kochen lassen und nochmals abschmecken.

5. Die Zwiebel schälen, die Paprikaschote halbieren, entkernen, waschen und beides in sehr feine Würfel schneiden.

6. Die Butter in einer Pfanne erhitzen, die Zwiebel- und Paprikawürfel darin anschwitzen.

7. Die Tomaten enthäuten, entkernen, in Würfel schneiden, zum Gemüse geben und kurz mitschwitzen. Mit Salz, Pfeffer, Muskat und Cayennepfeffer abrunden.

8. Essigwasser in einem Topf zum Kochen bringen. Die Eier aufschlagen, vorsichtig in das Essigwasser gleiten lassen und in fünf Minuten wachsweich garen.

9. Die grüne Soße auf heißen Tellern verteilen, das Paprikagemüse dekorativ darauf anrichten, je zwei pochierte Eier daraufsetzen, mit Kräuterzweigen garnieren und mit Salzkartoffeln sofort servieren.

KÜRBISSCHNITZEL

Für 4 Personen:

1 kleiner Kürbis, 30 g frisch geriebener Parmesankäse, grober Pfeffer
150 g Kochschinken in dünnen Scheiben, 2 EL Mehl, 1 Ei, 20 ml Milch, 150 g Semmelbrösel
4 EL Öl zum Braten

Für die Tomatensoße:
1 Zwiebel, 2 Knoblauchzehen
1 EL Olivenöl, 1 Dose (400 ml) Pizzatomaten, 1 TL getrocknete italienische Kräuter, 1 EL Akazienhonig, 100 ml süße Sahne
Salz, Pfeffer aus der Mühle

Außerdem:
bissfest gegarte Spaghetti als Beilage
Tomatenwürfel und Schnittlauchröllchen zum Bestreuen

1. Den Kürbis schälen, das Fleisch in 1 cm dicke Scheiben schneiden, ca. acht Minuten in Salzwasser kochen und gut abtropfen lassen.

2. Die Scheiben mit Parmesankäse und Pfeffer bestreuen und mit den Schinkenscheiben umwickeln. Im Mehl wenden, in das mit der Milch verquirlte Ei eintauchen und mit den Semmelbröseln panieren. Im erhitzten Öl goldgelb ausbacken.

3. Für die Soße die Zwiebel würfeln, die Knoblauchzehen hacken und beides im erhitzten Öl anschwitzen. Die Pizzatomaten und die Kräuter dazugeben und das Ganze ca. 10 Minuten köcheln lassen. Den Honig einrühren, zum Schluss die Sahne dazugeben. Mit Salz und Pfeffer abschmecken.

4. Die Schnitzel mit der Tomatensoße und den Spaghetti auf Tellern dekorativ anrichten, mit Tomatenwürfelchen und Schnittlauchröllchen garnieren und sofort servieren.

GESCHMORTE LAMMSCHULTER
(ohne Abbildung)

Für 4 Personen:

1 kg Lammschulter, Salz, Pfeffer
3 Knoblauchzehen, je 2 Zweige Rosmarin und Thymian, 2 EL Olivenöl, 1 Zwiebel, 2 Karotten
1 Stück Sellerie, 2 Lorbeerblätter
je 1 TL Wacholderbeeren, Pfefferkörner und Korianderkörner
2 EL Paprikamark, je 300 ml Rotwein und Brühe, Soßenbinder
Kräuterzweige zum Garnieren

1. Die küchenfertige Lammschulter waschen, trocken tupfen, mit Salz und Pfeffer kräftig würzen. Das Fleisch mit einer Küchenschnur binden und in Form bringen.

2. Die Knoblauchzehen schälen, fein hacken, die Kräuter verlesen, waschen und ebenfalls fein hacken.

3. Das Fleisch mit dem Knoblauch und den Kräutern einreiben. Das Olivenöl in einem Bräter erhitzen

und das Fleisch darin rundherum Farbe nehmen lassen. Die Zwiebel schälen, fein würfeln, zum Fleisch geben und kurz mitbraten.

4. Die Karotten und den Sellerie putzen, schälen, würfeln, zum Fleisch geben und ebenfalls kurz mitbraten. Die Lorbeerblätter, die Wacholderbeeren, die Pfefferkörner und die Korianderkörner dazugeben und das Paprikamark einrühren.

5. Mit Rotwein ablöschen, die Gemüse- oder Fleischbrühe angießen, zum Kochen bringen und in dem auf 180 °C vorgeheizten Backofen 80 Minuten schmoren lassen.

6. Die Lammschulter aus der Soße nehmen und warm stellen. Die Soße durch ein Sieb streichen, erneut erhitzen und mit dunklem Soßenbinder binden.

7. Die Lammschulter in Scheiben schneiden, mit der Soße dekorativ anrichten, mit Kräuterzweigen garnieren, mit geschmolzenen Tomaten, Speckböhnchen und bissfest gegarten und in Butter geschwenkten Bandnudeln sofort servieren.

Putenkeule mit scharfer Brätfüllung

Für 4 Personen:

1 küchenfertige Putenkeule mit Knochen (ca. 1,6 kg)
Salz, Pfeffer aus der Mühle

Für die Füllung:
300 g Kalbsbrät, 50 ml süße Sahne
2 Eier, 2–3 EL Semmelbrösel
2 EL mittelscharfer Senf
2 EL grüne Pfefferkörner
½ Chilischote
einige Tropfen Weinbrand
1 EL geriebene Zitronenschale

Außerdem:
30 g Butterschmalz, 1 Zwiebel
1 Bund Röstgemüse
2 EL Tomatenmark
1–2 EL Zuckerrübensirup
Saft von 2 Orangen
200 ml Weißwein
300 ml Geflügelbrühe
200 ml süße Sahne
Speisestärke zum Binden
Basilikum zum Garnieren

1. Die Putenkeule waschen und trocken tupfen. Mit einem scharfen Messer den Knochen hohl auslösen, das heißt, an dem Knochen entlang das Fleisch rundherum vorsichtig abschneiden. Danach können Sie den Kochen herausziehen. Die Putenkeule mit Salz und Pfeffer würzen und mit Küchenschnur am unteren Ende zusammenbinden.

2. Das Kalbsbrät in eine Schüssel geben und mit Sahne abschlagen. Eier, Semmelbrösel, Senf, Pfefferkörner sowie die entkernte und fein gehackte Chilischote zum Brät geben und alles gut untermischen.

3. Mit Weinbrand aromatisieren, die Zitronenschale untermischen und mit Salz und Pfeffer abrunden. Die Füllung mit einem Esslöffel gleichmäßig in die Putenkeule geben.

4. Die Putenkeule mit Küchenschnur zusammenbinden. Schmalz erhitzen und die Keule darin Farbe nehmen lassen. Zwiebel schälen und würfeln. Röstgemüse putzen, würfeln, mit der Zwiebel zur Putenkeule geben und kurz mitbraten.

5. Tomatenmark und Zuckerrübensirup einrühren. Mit Orangensaft und Weißwein ablöschen und die der Geflügelbrühe angießen. Das Ganze im auf 180–200 °C vorgeheizten Backofen 70–80 Minuten schmoren lassen.

6. Nach Ende der Garzeit die Putenkeule aus der Soße nehmen und warm stellen. Die Soße pürieren und durch ein Sieb streichen. Mit der Sahne nochmals erhitzen, mit Salz und Pfeffer abrunden und mit angerührter Speisestärke binden. Die Soße auf Tellern anrichten, die Putenkeule in Scheiben schneiden, dekorativ auf die Soße legen, mit Basilikum garnieren und mit Spargel und Kartoffeln sofort servieren.

Buntes Spargel-Speck-Gemüse mit Rinderfilet

Für 4 Personen:

1 kg weißer Spargel, Salzwasser oder Gemüsebrühe zum Garen
½ unbehandelte Zitrone
50 g Butter
Salz, Pfeffer aus der Mühle
1 Prise Muskat
1 Bund Fingermöhrchen
300 g grüne Bohnen
100 g Frühstücksspeckscheiben
50 g Butter

Außerdem:
800 g Rinderfilet
2 EL scharfer Senf
2 EL Chilisoße
Kräuterzweige zum Garnieren

1. Den Spargel dünn schälen und die unteren Enden abschneiden.

2. Salzwasser oder Gemüsebrühe mit der Zitronenhälfte und der Butter in einem Topf zum Kochen bringen. Mit Salz, Pfeffer und Muskat würzen.

3. Die Spargelstangen in den Sud legen und bei mäßiger Hitze bissfest garen. Herausnehmen, gut abtropfen lassen und in grobe Stücke schneiden.

4. Die Fingermöhrchen putzen, waschen und in mundgerechte Stücke schneiden.

5. Die Fingermöhrchen im Spargelsud bissfest garen, herausnehmen, gut abtropfen lassen und warm stellen.

6. Die grünen Bohnen putzen, waschen, im Spargelfond bissfest garen, herausnehmen und gut abtropfen lassen. Je 6–8 Bohnen in eine Speckscheibe wickeln.

7. Die Butter in einer Pfanne erhitzen, die Spargelstücke, die Möhrchen und die Speckbohnen darin bei mäßiger Hitze kurz braten.

8. Das küchenfertige Rinderfilet unter fließendem Wasser waschen, trocken tupfen, mit Salz und Pfeffer würzen.

9. Den Senf mit der Chilisoße verrühren und das Fleisch damit bestreichen.

10. Das Filet in ein entsprechend großes Stück Alufolie wickeln und im auf 180–200 °C vorgeheizten Backofen je nach Dicke des Filets 20–30 Minuten garen.

11. Nach Ende der Garzeit das Filet aus dem Ofen nehmen, die Alufolie entfernen, das Filet in Scheiben schneiden, mit dem Spargelgemüse dekorativ anrichten, mit Kräuterzweigen garnieren und sofort servieren.

EIERPOLSTER

Für 4 Personen:

400 g Blumenkohlröschen
400 g Brokkoliröschen
Salzwasser oder Gemüsebrühe zum Garen, 10 Eier, 40 ml süße Sahne
200 g geriebener Butterkäse
Salz, Pfeffer aus der Mühle
Muskat, Cayennepfeffer
3 Zweige Thymian
Butter zum Ausbacken
Champignon- und Kirschtomatenscheiben zum Garnieren

1. Die Blumenkohl- und Brokkoliröschen verlesen und waschen. Salzwasser oder Gemüsebrühe in einem Topf zum Kochen bringen, das Gemüse darin bissfest garen, herausnehmen und gut abtropfen lassen.

2. Die Eier mit der Sahne in einer Schüssel verschlagen. Den Butterkäse untermischen, mit Salz, Pfeffer, Muskat und Cayennepfeffer würzen und den zerpflückten Thymian einrühren.

3. Die Butter in einer großen Pfanne erhitzen, das Gemüse dazugeben und durchschwenken. Die Käse-Ei-Masse darübergießen und im auf 160 °C vorgeheizten Backofen 15 Minuten backen.

4. Den Eierpolster aus dem Ofen nehmen, anrichten, mit Champignon- und Kirschtomatenscheiben garnieren, mit einem bunten Salat mit Zitronendressing servieren.

BURGUNDER GÄNSEKEULEN
(ohne Abbildung)

Für 4 Personen:

4 Gänsekeulen, Salz, Pfeffer
2 Knoblauchzehen, je 2 Zweige Rosmarin, Thymian und Beifuß
1 EL Kümmel, 1 TL Pfefferkörner
1 TL Korianderkörner, 2 EL geriebene Zitronenschale, 2 EL Butterschmalz, 1 l Burgunder Rotwein
250 g Schalotten, 2 Karotten
250 g frische Champignons
4 cl Schlehenlikör, Braten- oder Geflügelsoße zum Binden
½ Bund Petersilie

1. Die Gänsekeulen unter fließendem Wasser waschen, trocken tupfen, mit Salz und Pfeffer kräftig würzen.

2. Die Knoblauchzehen schälen und auf einem Arbeitsbrett hacken. Die zerpflückten Kräuter, die Gewürze und die Zitronenschale dazugeben und alles mit dem Messerrücken zu einer Paste zerreiben. Die Gänsekeulen damit einreiben.

3. Das Schmalz in einem Bräter erhitzen und die Keulen darin rundherum Farbe nehmen lassen. Den Rotwein angießen und die Keulen

im auf 180–200 °C vorgeheizten Backofen 1 ½–2 Stunden schmoren lassen.

4. Die Schalotten und die Karotten schälen, in mundgerechte Stücke schneiden und 30 Minuten vor Garende zu den Gänsekeulen geben.

5. Die Champignons putzen, je nach Größe halbieren oder vierteln und 10 Minuten vor Garende zu den Gänsekeulen geben.

6. Nach Ende der Garzeit die Soße mit Schlehenlikör verfeinern, mit Salz und Pfeffer abrunden und mit der Braten- oder Geflügelsoße leicht binden.

7. Die Burgunder Gänsekeulen auf heißen Tellern dekorativ anrichten, mit der verlesenen, gewaschenen und fein geschnittenen Petersilie bestreuen und mit Mandelbällchen sofort servieren.

Putenrouladen mit Spargelfüllung

Für 4 Personen:

4 große, dünne Putenschnitzel
Salz, Pfeffer aus der Mühle
2 EL Kräutersenf
200 g feines Rinderhack
50 ml süße Sahne
30 g frische, gehackte Kräuter
(Petersilie, Basilikum)
1 TL geriebene Zitronenschale
1 Ei, 150 g bissfest gegarter Spargel
2–3 EL Butterschmalz
100 ml Weißwein
400 ml Spargelfond

Außerdem:
200 ml süße Sahne
Speisestärke zum Binden
einige Tropfen Zitronensaft
einige Tropfen Worcestersoße
1 Prise Cayennepfeffer
100 g geriebener Butterkäse
Basilikum und Spargelspitzen zum Garnieren

1. Die Putenschnitzel unter fließendem Wasser waschen, trocken tupfen, mit Salz und Pfeffer würzen und auf eine Arbeitsfläche legen.

2. Die Putenschnitzel mit dem Kräutersenf bestreichen.

3. Das Rinderhack mit der Sahne, den Kräutern, der Zitronenschale und dem Ei in einer Schüssel zu einer glatten Masse verrühren. Mit Salz und Pfeffer würzen.

4. Die Hackfleischmasse gleichmäßig auf die Putenschnitzel streichen. Den Stangenspargel darauflegen, die Schnitzel zu Rouladen formen, mit Küchenschnur binden oder mit Rouladennadeln feststecken.

5. Das Butterschmalz in einem Bräter erhitzen und die Putenrouladen darin rundherum Farbe nehmen lassen. Den Weißwein und den Spargelfond angießen und im auf 180–200 °C vorgeheizten Backofen 20–25 Minuten garen.

6. Nach Ende der Garzeit die Putenrouladen herausnehmen und warm stellen. Die Sahne in die Soße einrühren und einmal kräftig aufkochen lassen. Mit etwas angerührter Speisestärke leicht binden.

7. Die Soße mit Zitronensaft, Worcestersoße, Salz, Pfeffer und Cayennepfeffer kräftig abschmecken und in eine Auflaufform geben. Die Putenrouladen einsetzen, mit geriebenem Butterkäse bestreuen und im auf 200–220 °C vorgeheizten Backofen 6–8 Minuten überbacken.

8. Die Putenrouladen mit der Soße auf heißen Tellern anrichten, mit Basilikum und Spargelspitzen garnieren, mit Grilltomaten, Butternudeln und Spargel sofort servieren.

Spargel mit Lachsragout

Für 4 Personen:

1 kg weißer Spargel, Salzwasser oder Gemüsebrühe zum Garen
50 g Butter
½ unbehandelte Zitrone
Salz, Pfeffer aus der Mühle
1 Prise Muskat

Für das Ragout:
800 g Lachsfilet
Saft von 1 Zitrone
einige Tropfen Worcestersoße
500 ml Fischfond
1 gespickte Zwiebel (Lorbeer und Nelken)
2–3 EL Weißweinessig

Für die Soße:
2–3 EL Butter
1 Zwiebel
300 ml Spargelfond
200 ml süße Sahne
Speisestärke zum Binden
2–3 cl Pernod
1 Prise Cayennepfeffer
1 Prise Zucker
50 g frische Kräuter (Petersilie, Dill, Estragon)

Außerdem:
Kräuterzweige zum Garnieren

1. Den Spargel putzen, dünn schälen und die unteren Enden abschneiden. Salzwasser oder Gemüsebrühe mit der Butter und der Zitronenhälfte in einem Topf zum Kochen bringen.

2. Den Sud mit Salz, Pfeffer und Muskat kräftig abschmecken und die Spargelstangen darin bissfest garen.

3. Für das Ragout das küchenfertige Lachsfilet unter fließendem Wasser waschen, trocken tupfen und in Würfel schneiden. Mit Zitronensaft und Worcestersoße beträufeln, mit Salz und Pfeffer würzen und im Kühlschrank 10–15 Minuten ziehen lassen.

4. Den Fischfond mit der gespickten Zwiebel und dem Weißweinessig in einem Topf zum Kochen bringen. Die Lachswürfel einlegen und bei mäßiger Hitze in 10 Minuten gar ziehen lassen.

5. Für die Soße die Butter in einem Topf erhitzen. Die Zwiebel schälen, fein würfeln, ins Fett geben und glasig schwitzen.

6. 300 ml Spargelfond und die Sahne angießen und zum Kochen bringen. Mit etwas angerührter Speisestärke leicht binden.

7. Die Soße mit Pernod, Salz, Pfeffer, Muskat, Cayennepfeffer und Zucker abschmecken und die verlesenen, gewaschenen und fein geschnittenen Kräuter untermischen.

8. Die Lachswürfel und den Spargel aus dem Sud nehmen, gut abtropfen lassen, auf der Soße dekorativ anrichten, mit Kräuterzweigen garnieren und mit Butterkartoffeln sofort servieren.

Schweinegeschnetzeltes auf grünem Spargel

Für 4 Personen:

1 kg grüner Spargel, Salzwasser oder Gemüsebrühe zum Garen
50 g Butter, ½ unbehandelte Zitrone
Salz, Pfeffer aus der Mühle
1 Prise Muskat

Für das Geschnetzelte:
800 g Schweinefleisch aus der Oberschale, 1 EL geschrotete, schwarze Pfefferkörner
1 EL gerebelter Majoran
2–3 EL Butterschmalz
2–3 Schalotten
1–2 Knoblauchzehen
100 ml Weißwein
400 ml Spargelfond
200 ml süße Sahne
Speisestärke zum Binden
100 g Sahneschmelzkäse
50 g frische, gemischte Kräuter (Petersilie, Schnittlauch, Basilikum)

Außerdem:
2–3 Tomaten, 1–2 EL Butter
Kräuterzweige zum Garnieren

1. Den grünen Spargel putzen und die unteren Enden abschneiden. Salzwasser oder Gemüsebrühe mit der Butter und der Zitronenhälfte in einem Topf zum Kochen bringen. Mit Salz, Pfeffer und Muskat würzen, den Spargel einlegen und bei mäßiger Hitze bissfest garen.

2. Das Schweinefleisch unter fließendem Wasser waschen, trocken tupfen und in feine Streifen schneiden. Mit geschrotetem Pfeffer und Majoran würzen.

3. Butterschmalz in einer Pfanne erhitzen und das Fleisch darin rundherum Farbe nehmen lassen.

4. Die Schalotten und die Knoblauchzehen schälen, fein würfeln, zum Fleisch geben und mitbraten.

5. Den Weißwein, den Spargelfond und die Sahne angießen, zum Kochen bringen und bei mäßiger Hitze 15 Minuten köcheln lassen.

6. Mit etwas angerührter Speisestärke leicht binden, mit Salz und Pfeffer abrunden. Den Schmelzkäse und die verlesenen, gewaschenen und fein geschnittenen Kräuter unter das Geschnetzelte ziehen.

7. Die Tomaten waschen, den Strunk herausschneiden, die Tomaten halbieren, entkernen und in Streifen schneiden. Die Butter erhitzen, die Tomatenstreifen darin anschwitzen und mit Salz und Pfeffer würzen.

8. Den grünen Spargel auf heißen Tellern anrichten, mit dem Schweinegeschnetzelten überziehen, die Tomatenstreifen daraufgeben, mit Kräuterzweigen garnieren und mit Kartoffelpüree sofort servieren.

ZUCCHINIFLEISCH

Für 4 Personen:

1 kg Zucchini, 400 g Putenschnitzel
Salz, Pfeffer aus der Mühle
1 TL Olivenöl, 100 ml Weißwein
1 EL Curry, Saft und Schale von
1 unbehandelte Zitrone
1–2 EL Sojasoße
250 g bissfest gegarte
Hörnchennudeln
Rucola und gebratene Paprikawürfel zum Garnieren

1. Die Zucchini putzen, waschen und in 2–3 cm dicke Scheiben schneiden.

2. Die Putenschnitzel unter fließendem Wasser waschen, trocken tupfen, in Streifen schneiden, mit Salz und Pfeffer würzen.

3. Etwas Olivenöl in einer beschichteten Pfanne erhitzen, das Fleisch darin anbraten, herausnehmen und warm stellen.

4. Die Zucchinischeiben ins verbliebene Bratfett geben und anbraten. Mit Weißwein ablöschen, den Curry untermischen, mit Salz, Pfeffer, Zitronensaft und Zitronenschale sowie Sojasoße abschmecken und die Zucchini bissfest dünsten.

5. Nach Ende der Garzeit das Fleisch und die Nudeln unter das Zucchinigemüse heben, kurz braten und nachwürzen.

6. Das Zucchinifleisch dekorativ anrichten, mit Rucola und gebratenen Paprikawürfeln garnieren und sofort servieren.

SPARGELNUDELN
(ohne Abbildung)

Für 4 Personen:

je 300 g grüner und weißer Spargel
Salzwasser zum Garen
einige Tropfen Olivenöl
300 g Bandnudeln
3–4 EL Butter
1 Zwiebel
200 g Kirschtomaten
Salz, Pfeffer aus der Mühle
1 Prise Muskat
1 Prise Cayennepfeffer
300 g Mozzarella
Basilikum zum Garnieren

1. Den Spargel putzen und die Spargelspitzen (4–5 cm) abschneiden, den weißen Spargel dünn schälen, mit dem Sparschäler der Länge nach in dünne Streifen schneiden.

2. Das Salzwasser mit dem Olivenöl in einem Topf zum Kochen bringen, die Spargelstreifen und die Spargelspitzen darin garen, herausnehmen und gut abtropfen lassen.

3. Die Nudeln im Spargelfond bissfest garen, abgießen, abschrecken und gut abtropfen lassen.

4. Die Butter in einer großen Pfanne erhitzen. Die Zwiebel schälen, fein würfeln, ins Fett geben und glasig schwitzen.

5. Die Nudeln und die Spargelstreifen dazugeben und durchschwenken. Die Kirschtomaten waschen, den Strunk herausschneiden, die Tomaten vierteln, zu den Nudeln geben und kurz mitschwitzen.

6. Mit Salz, Pfeffer, Muskat und Cayennepfeffer abschmecken. Mit dem in Scheiben geschnittenen Mozzarella belegen und in dem auf 180–200 °C vorgeheizten Backofen kurz überbacken.

7. Die Spargelnudeln aus dem Ofen nehmen, mit den Spargelspitzen dekorativ anrichten, mit Basilikum garnieren und sofort servieren.

HÄHNCHENBRUSTFILETS AUF ZUCCHINI-RAHMSOSSE

Für 4 Personen:

Für das Erbsenpüree:
250 g gelbe Erbsen, 1 l Gemüsebrühe
50 ml süße Sahne, 1–2 EL Butter
Salz, Pfeffer, 1 Prise Muskat

Für die Hähnchenbrust:
4 Hähnchenbrustfilets, Fett zum
Braten, 4 Scheiben trockenes Toastbrot, 50 g geriebener Parmesankäse
1 TL geriebene Zitronenschale
1 Knoblauchzehe
je 1 Zweig Thymian und Rosmarin
½ Bund Petersilie
2 Eigelb, 50 g flüssige Butter

Für die Zucchinisoße:
1 große Zucchini, 1 Zwiebel
1–2 EL Butter, 125 ml Weißwein
250 ml Gemüsebrühe
125 g Kräuter-Crème-fraîche
Speisestärke zum Binden
1 Prise Cayennepfeffer, frisch geschnittener Schnittlauch und gekochte, gehackte Erbsen zum Bestreuen

1. Die Erbsen in die kochende Gemüsebrühe geben und bei mäßiger Hitze 80–90 Minuten garen. Nach Ende der Garzeit die Erbsen abgießen, dabei die Gemüsebrühe auffangen. Die Erbsen mit etwas Brühe pürieren. Zum Schluss die Sahne und die Butter unter das Püree ziehen, mit Salz, Pfeffer und Muskat würzen.

2. Die Hähnchenbrustfilets waschen, trocken tupfen, mit Salz und Pfeffer kräftig würzen. Etwas Fett in einer Pfanne erhitzen, die Filets darin anbraten und anschließend auf ein Backblech legen.

3. Das Toastbrot fein reiben, mit dem Parmesan und der Zitronenschale in eine Schüssel geben.

4. Die Knoblauchzehe schälen, fein hacken, die Kräuter verlesen, waschen und ebenfalls fein hacken. Mit den Eigelben und der flüssigen Butter zum Brot geben und alles zu einer glatten Masse verrühren.

5. Die Brotmischung mit Salz, Pfeffer und Muskat würzen, auf die Filets streichen und diese im auf 180–200 °C vorgeheizten Backofen 18–20 Minuten garen.

6. Für die Soße die Zucchini putzen, waschen und grob raspeln. Die Zwiebel schälen und fein würfeln. Die Butter erhitzen, Zwiebel und Zucchini darin anschwitzen. Wein, Brühe und Kräuter-Crème-fraîche dazugeben und einmal aufkochen lassen. Die Soße mit angerührter Speisestärke leicht binden, mit Salz, Pfeffer und Cayennepfeffer würzen.

7. Die Hähnchenbrustfilets auf der Zucchini-Rahmsoße mit dem Erbsenpüree dekorativ anrichten, mit Schnittlauch und gehackten Erbsen bestreuen und sofort servieren.

ZWIEBELFLEISCH

Für 4 Personen:

4 kleine Rindersteaks à 120 g
Salz, Pfeffer aus der Mühle
1 Prise Cayennepfeffer
1 TL Olivenöl, 3 Knoblauchzehen
3–4 Zwiebeln, 1 Bund Frühlingszwiebeln, 200 ml Gemüsebrühe
2 Bund Schnittlauch
gebratene Kirschtomaten und Basilikum zum Garnieren

1. Von den Rindersteaks den Fettrand abschneiden, die Steaks unter fließendem Wasser waschen, trocken tupfen, mit Salz, Pfeffer und Cayennepfeffer würzen.

2. Das Olivenöl in einer Pfanne erhitzen und die Steaks darin medium oder durchbraten, herausnehmen und warm stellen.

3. Die Knoblauchzehen schälen, fein würfeln, ins verbliebene Bratfett geben und anschwitzen.

4. Die Zwiebeln und die Frühlingszwiebeln putzen, in feine Ringe schneiden, ins Knoblauchfett geben und anbraten. Mit der Gemüsebrühe ablöschen und kurz einreduzieren lassen.

5. Den Schnittlauch verlesen, waschen, fein schneiden und unterheben. Das Zwiebelfleisch mit dem Gemüse dekorativ anrichten, mit gebratenen Kirschtomaten und Basilikum garnieren und mit Salzkartoffeln sofort servieren.

BRÄTKNÖDELSUPPE
(ohne Abbildung)

Für 4 Personen:

2 Karotten, 1 Stück Sellerie
1 rote Paprikaschote, 1 Zwiebel
1 Liter Gemüsebrühe
1 Lorbeerblatt
4 EL Honig
500 g gut gewürztes Kalbsbrät
1 Schuss süße Sahne
1 TL geriebene Zitronenschale, 1 Ei
Salz, Pfeffer, Muskat, Cayennepfeffer, Semmelbrösel zum Binden
1 Bund Schnittlauch
blanchierte Lauchstreifen zum Garnieren

1. Karotten und Sellerie schälen, waschen, in feine Streifen schneiden.

2. Die Paprikaschote halbieren, entkernen, waschen, ebenfalls in Streifen schneiden, die Zwiebel schälen und in feine Ringe schneiden.

3. Die Gemüsebrühe mit dem Lorbeerblatt und 2 EL Honig in einem Topf erhitzen. Die Gemüsestreifen in die Brühe geben, bissfest garen, herausnehmen, gut abtropfen lassen und bereitstellen.

4. Einige Karotten- und Selleriestreifen abnehmen und in feine

Würfel schneiden. Diese mit dem Kalbsbrät, 2 EL Honig, der Sahne, der Zitronenschale und dem Ei in eine Schüssel geben und gut verrühren.

5. Die Masse mit Salz, Pfeffer, Muskat und Cayennepfeffer kräftig würzen und mit Semmelbröseln binden.

6. Die Brühe zum Kochen bringen, mit einem Esslöffel Klößchen abstechen, in die Brühe geben und 20 Minuten gar ziehen lassen. Das restliche Gemüse in die Brühe geben, nochmals erhitzen und abschmecken.

7. Die Suppe dekorativ anrichten und mit dem verlesenen, gewaschenen und fein geschnittenen Schnittlauch bestreuen. Aus den Lauchstreifen Schleifchen binden, die Suppe damit garnieren und sofort servieren.

Schweinemedaillons mit Bohnenpäckchen

Für 4 Personen:

*12 kleine Schweinemedaillons à 60 g
einige Tropfen Sojasoße
einige Tropfen Chiliöl
Salz, Pfeffer aus der Mühle
12 dünne Scheiben Frühstücksspeck*

Für die Bohnen:
*500 g lange, grüne Bohnen
Salzwasser oder Gemüsebrühe zum
Garen, etwa 100 g dünne Scheiben
Frühstücksspeck (Bacon)*

Für die Sauce hollandaise:
*4 Eigelb, 125 ml Weißwein, Saft von
½ Zitrone, einige Tropfen Worcestersoße, 1 Prise Zucker
200 g handwarme, flüssige Butter*

Für das Kartoffelstroh:
*600 g Kartoffeln
Fett zum Frittieren*

Außerdem:
*Butterschmalz und Butter zum
Braten, 200 g Kirschtomaten*

1. Die Medaillons waschen, trocken tupfen, mit Sojasoße und Chiliöl beträufeln, salzen, pfeffern und jedes Medaillon in eine Speckscheibe wickeln.

2. Mit Zahnstochern feststecken und im Kühlschrank kurz ziehen lassen. Die Bohnen putzen, waschen und im kochenden Salzwasser oder in Gemüsebrühe bissfest garen, abgießen und gut abtropfen lassen. Je 5–6 Bohnen in eine Speckscheibe wickeln.

3. Die Eigelbe mit Weißwein und Zitronensaft in eine feuerfeste Schüssel geben und gut verschlagen. Mit Worcestersoße, Zucker, Salz und Pfeffer würzen und im Wasserbad zu einem Schaum aufschlagen. Den Eischaum vom Herd nehmen und die handwarme, flüssige Butter tropfenweise unterrühren.

4. Für das Kartoffelstroh die Kartoffeln schälen, waschen und in hauchdünne Stifte schneiden oder raspeln. Fett in einem Topf erhitzen und das Kartoffelstroh darin frittieren.

5. Schmalz in einer Pfanne erhitzen und die Schweinemedaillons darin braten. Butter in einer weiteren Pfanne erhitzen und die Bohnenpäckchen ebenfalls braten.

6. Die Kirschtomaten waschen, den Strunk herausschneiden und die Tomaten halbieren. Butter erhitzen und die Tomaten darin kurz braten, leicht salzen und pfeffern.

7. Die Schweinemedaillons dekorativ anrichten, die Bohnenpäckchen dazulegen, mit Kartoffelstroh belegen und mit Sauce hollandaise überziehen. Die gebratenen Kirschtomaten darauf anrichten, garnieren und sofort servieren.

Wirsingauflauf mit Putencurry

Für 4 Personen:

1 Kopf Wirsing (ca. 1 kg)
Salzwasser oder Gemüsebrühe zum Blanchieren, 2–3 EL Butter oder Margarine zum Ausfetten

Für das Putencurry:
1–2 EL Butterschmalz
500 g Putenbrustfilet
1 Zwiebel, 2 Knoblauchzehen
1–2 EL Curry
100 g Softaprikosen
200 ml Weißwein
200 ml Aprikosensaft
200 ml Gemüse- oder Geflügelbrühe
200 ml süße Sahne
Salz, Pfeffer aus der Mühle
1 Prise Cayennepfeffer
Speisestärke zum Binden

Außerdem:
150 g geriebener Gouda
75 g geschälte Mandelkerne
Kräuterzweige zum Garnieren

1. Den Wirsing putzen, halbieren, den Strunk herausschneiden und den Wirsing in mundgerechte Stücke schneiden.

2. Salzwasser oder Gemüsebrühe in einem Topf zum Kochen bringen, den Wirsing darin blanchieren, herausnehmen, gut abtropfen lassen und in eine ausgefettete Auflaufform schichten.

3. Das Butterschmalz in einer Pfanne erhitzen. Das Putenbrustfilet unter fließendem Wasser waschen, trocken tupfen, in mundgerechte Würfel oder Streifen schneiden und im Butterschmalz unter ständigem Rühren braten.

4. Die Zwiebel und die Knoblauchzehen schälen, fein würfeln, zum Fleisch geben und kurz mitbraten.

5. Mit Curry bestäuben und kurz dünsten. Die Softaprikosen in Stücke schneiden, dazugeben und kurz mitschwitzen.

6. Das Putencurry mit Weißwein und Aprikosensaft ablöschen, die Brühe und die Sahne angießen und einmal aufkochen lassen.

7. Mit Salz, Pfeffer und Cayennepfeffer kräftig würzen und mit angerührter Speisestärke leicht binden.

8. Das Putencurry vom Herd nehmen, leicht abkühlen lassen, den geriebenen Gouda und die Mandeln untermischen und das Ganze gleichmäßig auf dem Wirsing verteilen.

9. Den Wirsingauflauf mit Putencurry im auf 180–200 °C vorgeheizten Backofen 30–35 Minuten garen.

10. Nach Ende der Garzeit den Wirsingauflauf herausnehmen, dekorativ anrichten, mit Kräuterzweigen garnieren und sofort servieren.

Wildschweinkoteletts mit Champignonsosse

Für 4 Personen:

8 Wildschweinkoteletts à 100–120 g
je 1 TL gerebelter Majoran und
Thymian, 1–2 Knoblauchzehen
50 ml Olivenöl

Für die Soße:
1–2 EL Butter, 2–3 Schalotten
400 g frische Champignons
Saft von 1 Zitrone
200 ml Weißwein
200 ml Gemüse- oder Wildbrühe
200 ml süße Sahne
Speisestärke zum Binden, Salz
Pfeffer, Muskat, Cayennepfeffer
100 g geriebener Gouda
2 EL Butterschmalz

Außerdem:
1–2 EL Butter, 2–3 Tomaten
1 Bund Schnittlauch

1. Die Wildschweinkoteletts unter fließendem Wasser waschen und trocken tupfen. Mit gerebeltem Majoran und Thymian bestreuen.

2. Die Knoblauchzehen schälen, in feine Würfel schneiden, mit dem Olivenöl verrühren, über die Wildschweinkoteletts geben und diese im Kühlschrank mindestens 1–2 Stunden marinieren.

3. Für die Soße die Butter in einer Pfanne erhitzen. Die Schalotten schälen, fein würfeln, ins Fett geben und glasig schwitzen.

4. Die Champignons putzen, in Scheiben schneiden, mit Zitronensaft beträufeln, zu den Schalotten geben und kurz mitbraten.

5. Den Weißwein, die Gemüse- oder Wildbrühe und die Sahne angießen. Zum Kochen bringen und 4–5 Minuten köcheln lassen.

6. Die Soße mit etwas angerührter Speisestärke leicht binden, mit Salz, Pfeffer, Muskat und Cayennepfeffer würzen. Vom Feuer nehmen, erkalten lassen und den geriebenen Gouda untermischen.

7. Schmalz erhitzen und die Koteletts darin anbraten. Eine feuerfeste Form ausfetten, die Champignons einfüllen, die Koteletts darauflegen, mit der restlichen Soße überziehen und im auf 180–200 °C vorgeheizten Backofen 12–15 Minuten garen.

8. Die Butter erhitzen. Die Tomaten waschen, den Strunk herausschneiden, die Tomaten halbieren, entkernen, würfeln, in die Butter geben und dünsten. Mit Salz, Pfeffer und Cayennepfeffer würzen.

9. Die Wildschweinkoteletts aus dem Ofen nehmen, mit den Tomaten überziehen, mit dem verlesenen, gewaschenen und fein geschnittenen Schnittlauch bestreuen, dekorativ anrichten und sofort servieren.

Kartoffelgemüse

Für 4 Personen:

*800 g Kartoffeln, Salzwasser zum Garen, 1 rote Paprikaschote
1 kleine Zucchini, 1 Stange Lauch
2 Tomaten, 1 TL Olivenöl, 1 Zwiebel
1–2 Knoblauchzehen, 100 ml Weißwein, Salz, Pfeffer aus der Mühle, Muskat, Cayennepfeffer
1 Prise Kümmelpulver, 1 EL Kräuter der Provence, ½ Bund Petersilie, 100 g Schafskäse*

1. Die Kartoffeln schälen, waschen und in Spalten schneiden. Im Salzwasser in 15–18 Minuten bissfest garen, abgießen und gut abtropfen lassen.

2. Das Gemüse entsprechend putzen, waschen und in mundgerechte Stücke schneiden.

3. Das Olivenöl in einer beschichteten Pfanne erhitzen. Die Zwiebel und die Knoblauchzehen schälen, fein würfeln, ins Fett geben und glasig schwitzen.

4. Das Gemüse dazugeben und anbraten. Mit dem Weißwein ablöschen und das Gemüse bissfest garen.

5. Die Kartoffeln unterheben, mit Salz, Pfeffer, Muskat, Cayennepfeffer, Kümmel und Kräutern der Provence kräftig würzen und das Ganze kurz rösten.

6. Die verlesene, gewaschene und gehackte Petersilie untermischen.

7. Den Schafskäse in feine Würfel schneiden und unter das Kartoffelgemüse heben, dieses dekorativ anrichten und sofort servieren.

Leberknödelsuppe
(ohne Abbildung)

Für 4 Personen:

*250 g altbackene Brötchen
50 ml heiße Milch, 1 Ei
1 Zwiebel
1 TL Butter, ½ Bund Petersilie
200 g durchgedrehte Rinderleber
Salz, Pfeffer aus der Mühle
1 Prise Muskat, Semmelbrösel
1 Karotte, 100 g Zuckererbsenschoten, 1 kleine Stange Lauch
1 l Fleischbrühe
Schnittlauchröllchen zum Bestreuen*

1. Die Brötchen in Würfel schneiden, in eine Schüssel geben, mit der heißen Milch übergießen und kurz ziehen lassen. Das Ei dazugeben.

2. Die Zwiebel schälen, fein würfeln, in der Butter glasig schwitzen, mit der verlesenen, gewaschenen und fein geschnittenen Petersilie und der Leber zu den Brötchen geben.

3. Alles zu einem kompakten Teig verarbeiten. Mit Salz, Pfeffer und Muskat würzen. Falls der Teig zu

weich ist, mit Semmelbröseln binden.

4. Die Karotte schälen, die Zuckererbsenschoten und den Lauch putzen, das Gemüse waschen und in feine Streifen schneiden.

5. Die Fleischbrühe mit dem Gemüse in einem Topf zum Kochen bringen. Aus der Lebermasse mit nassen Händen Knödel abdrehen, diese in die Brühe legen und bei mäßiger Hitze in 15–20 Minuten gar ziehen lassen.

6. Die Suppe dekorativ anrichten, mit den Schnittlauchröllchen bestreuen und sofort servieren.

Kürbisküchlein mit gebratenem Schafskäse

Für 4 Personen:

Für die Kürbis-Küchlein:
1 kg Kürbisfruchtfleisch
100 g Mehl, 3 Eier
Salz, Pfeffer aus der Mühle
1 Prise Muskat, 1 Prise Cayennepfeffer, 1 Bund Schnittlauch
Öl oder Butterschmalz zum Ausbacken

Für den Käse:
5 EL Olivenöl, 1 TL zerdrückte, grüne Pfefferkörner
1–2 Knoblauchzehen
400 g Schafskäse (Feta-Käse)

Für das Tomatengemüse:
1–2 Zweige Rosmarin, 250 g Kirschtomaten, 200 ml Weißwein
1 Prise Zucker

Außerdem:
Basilikum und Lorbeerblätter zum Garnieren

1. Das Kürbisfruchtfleisch grob raspeln und in eine Schüssel geben.

2. Das Mehl und die Eier dazugeben und alles zu einer glatten Masse verrühren. Mit Salz, Pfeffer, Muskat und Cayennepfeffer kräftig abschmecken und den verlesenen, gewaschenen und fein geschnittenen Schnittlauch untermischen.

3. Öl oder Butterschmalz in einer Pfanne erhitzen. Portionsweise die Kürbismasse einfüllen, flach drücken, die Kürbisküchlein auf beiden Seiten goldgelb ausbacken, herausnehmen und warm stellen.

4. Das Olivenöl in einer Pfanne erhitzen, die zerdrückten Pfefferkörner und den geschälten, fein gehackten Knoblauch darin kurz anschwitzen.

5. Den Schafskäse ins Gewürzöl geben, auf beiden Seiten anbraten, herausnehmen und warm stellen.

6. Für das Tomatengemüse die Rosmarinzweige verlesen, waschen, klein schneiden und ins Gewürzöl geben.

7. Die Kirschtomaten waschen, den Strunk herausschneiden, die Tomaten halbieren, ins Gewürzöl geben und durchschwenken.

8. Den Weißwein angießen und das Tomatengemüse einmal aufkochen lassen. Mit Salz, Pfeffer, Cayennepfeffer und Zucker abrunden.

9. Die Kürbisküchlein mit dem gebratenen Schafskäse und dem Tomatengemüse dekorativ anrichten, mit Basilikum und Lorbeerblättern garnieren und sofort servieren.

Möhren mit Geschnetzeltem in Sahnesosse

Für 4 Personen:

2 Bund Karotten, 2 TL Butter
250 ml Gemüsebrühe, Salz

Für das Geschnetzelte:
800 g Putenbrust, Pfeffer aus der Mühle, 2–3 EL Sonnenblumenöl
1 Zwiebel, 200 ml süße Sahne
200 ml Gemüsebrühe, Speisestärke zum Binden, 1 Prise Muskat
Saft von ½ Zitrone
Dill und Petersilie zum Garnieren

1. Die Karotten schälen, das Grüne abschneiden, die Karotten mit der Butter, der Brühe und etwas Salz in einem Topf weich dünsten.

2. Die Putenbrust unter fließendem Wasser waschen, trocken tupfen und in feine Streifen schneiden. Mit Salz und Pfeffer würzen.

3. Das Sonnenblumenöl in einer Pfanne erhitzen und das Fleisch darin anbraten. Die Zwiebel schälen, fein würfeln, zum Fleisch geben und mitbraten.

4. Das Fleisch aus der Pfanne nehmen und warm stellen. Die Sahne und die Brühe in die Pfanne gießen, einmal aufkochen lassen.

5. Die Soße mit etwas angerührter Speisestärke leicht binden. Mit Salz, Pfeffer, Muskat und Zitronensaft kräftig abschmecken.

6. Das Putengeschnetzelte in die Soße geben und erhitzen. Anschließend anrichten, mit Dill und Petersilie garnieren und sofort servieren.

Wiener Tafelspitz
(ohne Abbildung)

Für 4 Personen:

150 g Bundmöhren, 100 g Sellerie
150 g Lauch, ½ Zwiebel, 4 l Wasser zum Garen, 1 Lorbeerblatt, 3–4 Wacholderbeeren, 1 TL Pfefferkörner
1 kg Tafelspitz, 1 Zwiebel, 1 Stange Lauch, 1 EL Butterschmalz
300 ml Tafelspitzfond, 200 ml süße Sahne, 1 EL Speisestärke
100 g Sahnemeerrettich
Salz, Pfeffer, ½ Bund Petersilie

1. Möhren und Sellerie schälen, waschen und in Stücke schneiden. Lauch putzen, waschen und die weißen Teile in Stücke schneiden.

2. Zwiebel schälen und die Schnittfläche in einer trockenen Pfanne kräftig bräunen. Wasser mit dem Gemüse zum Kochen bringen. Lorbeerblatt, Wacholderbeeren und Pfefferkörner dazugeben.

3. Den Tafelspitz unter fließendem Wasser waschen, trocken tupfen, in

den Gemüsesud einlegen und im offenen Topf bei mittlerer Hitze etwa 1 ½ Stunden sieden lassen.

4. Nach 75 Minuten die Trübstoffe abschöpfen. Nach Ende der Garzeit das Fleisch aus dem Sud nehmen und warm stellen. Den Sud durch ein Sieb in einen zweiten Topf gießen.

5. Für die Soße die Zwiebel schälen und fein würfeln. Lauch putzen, waschen, der Länge nach halbieren und die weißen Teile fein schneiden.

6. Das Butterschmalz erhitzen, die Zwiebel und den Lauch darin glasig schwitzen. Den Tafelspitzfond und die Sahne angießen und 2–3 Minuten kochen lassen.

7. Die Soße mit etwas angerührter Speisestärke leicht binden und mit dem Pürierstab pürieren. Kurz vor dem Servieren den Meerrettich einrühren, salzen und pfeffern.

8. Den Tafelspitz quer zur Faser in Scheiben schneiden und auf heißen Tellern dekorativ anrichten. Mit der Soße überziehen, mit der verlesenen, gewaschenen und fein gehackten Petersilie bestreuen und mit Salzkartoffeln sofort servieren.

PUTENROLLBRATEN MIT FRÜHLINGSZWIEBELFÜLLUNG

Für 4 Personen:

1 kg Putenbrust
Salz, Pfeffer aus der Mühle
1 EL frisch geriebener
Zitronenpfeffer

Für die Füllung:
1 Bund Frühlingszwiebeln
1–2 EL Butter, 100 g Mascarpone
75 g geriebener Gouda, 2 Eigelb
1–2 Knoblauchzehen
2–3 EL Semmelbrösel
1 EL geriebene Zitronenschale
1 Prise Cayennepfeffer

Außerdem:
2–3 EL Butterschmalz
2–3 Schalotten, 200 ml Weißwein
400 ml Gemüse- oder Geflügelbrühe
200 ml süße Sahne
Speisestärke zum Binden
50 g Walnusskerne
lila Basilikum zum Garnieren

1. Die küchenfertige Putenbrust unter fließendem Wasser waschen, trocken tupfen und zum Füllen vorbereiten. Mit Salz, Pfeffer und geriebenem Zitronenpfeffer würzen.

2. Die Frühlingszwiebeln putzen, waschen und klein schneiden. Die Butter in einer Pfanne erhitzen, die Frühlingszwiebeln darin kurz dünsten, vom Feuer nehmen und in eine Schüssel geben.

3. Den Mascarpone, den geriebenen Gouda, die Eigelbe, die geschälten, fein gehackten Knoblauchzehen, die Semmelbrösel und die Zitronenschale dazugeben und alles zu einer glatten Masse verarbeiten. Mit Salz, Pfeffer und Cayennepfeffer kräftig würzen.

4. Die Masse in die Putenbrust füllen, diese zusammenrollen und mit Küchenschnur binden.

5. Das Butterschmalz in einem Bräter erhitzen und den Putenrollbraten darin von allen Seiten Farbe nehmen lassen.

6. Die Schalotten schälen, in Würfel schneiden, zum Fleisch geben und kurz mitbraten. Mit Weißwein ablöschen, die Gemüse- oder Geflügelbrühe angießen und den Rollbraten in dem auf 180–200 °C vorgeheizten Backofen 45–50 Minuten garen.

7. Nach Ende der Garzeit den Putenrollbraten herausnehmen. Die Sahne in die Soße einrühren, kurz einreduzieren lassen und mit angerührter Speisestärke leicht binden.

8. Die gehackten Walnusskerne in die Soße geben, mit Salz, Pfeffer und Cayennepfeffer abrunden. Das Fleisch in Scheiben schneiden, mit der Soße dekorativ anrichten, mit lila Basilikum garnieren und mit Brokkoliröschen und gefüllten Gnocchi sofort servieren.

KARTOFFELTOPF MIT RINDFLEISCH

Für 4 Personen:

600 g Rindfleisch aus der Schulter
1 Liter Gemüse- oder Fleischbrühe
1 gespickte Zwiebel (Lorbeer und Nelken), 300 g Kartoffeln
2–3 Karotten, 200 g weiße Rübchen
200 g Brokkoliröschen, 1 Stück Bleichsellerie, 1 Stange Lauch
1 Zwiebel, einige Wacholderbeeren
1 EL Majoran, Salz, weißer Pfeffer aus der Mühle, 1 Prise Muskat
150 g rote Linsen, 1 Bund Petersilie
Kräuterzweige zum Garnieren

1. Das Rindfleisch waschen und in Würfel schneiden. Die Brühe mit der gespickten Zwiebel erhitzen und das Fleisch darin bei mäßiger Hitze 80–90 Minuten garen.

2. Das Gemüse putzen, waschen, in mundgerechte Stücke schneiden und bereitstellen. Die Zwiebel schälen und in Würfel schneiden.

3. Die Kartoffeln mit den Karotten, den Rübchen und der Zwiebel zum Fleisch geben, die Wacholderbeeren und den Majoran hinzufügen, mit Salz, Pfeffer und Muskat würzen und weitere 20 Minuten köcheln lassen.

4. Zum Schluss den Lauch, den Bleichsellerie, den Brokkoli und die gewaschenen Linsen dazugeben und bei mäßiger Hitze 15–20 Minuten garen. Nochmals abschmecken, dekorativ anrichten, mit der verlesenen, gewaschenen und fein gehackten Petersilie bestreuen, mit Kräuterzweigen garnieren und sofort servieren.

BRATEN MIT APRIKOSEN
(ohne Abbildung)

Für 4 Personen:

1,2 kg Schweinebraten, 100 g Softaprikosen, Salz, Pfeffer aus der Mühle, 1 EL Knoblauchgranulat
1–2 EL Butterschmalz, 2 Zwiebeln
1 Karotte, 1 Stück Sellerie
2–3 Knoblauchzehen
1–2 Rosmarinzweige
300 ml Weizenbier
300 ml Fleischbrühe
dunkler Soßenbinder
Rosmarinzweige zum Garnieren

1. Den Schweinebraten unter fließendem Wasser waschen, trocken tupfen und zum Füllen vorbereiten.

2. Den Braten mit den Soft-Aprikosen füllen, mit Küchenschnur binden, mit Salz, Pfeffer und Knoblauchgranulat würzen.

3. Das Butterschmalz in einer Pfanne erhitzen und den Braten darin Farbe nehmen lassen.

4. Die Zwiebeln, die Karotte, den Sellerie und die Knoblauchzehen

schälen, das Gemüse in Stücke schneiden, zum Fleisch geben und kurz mitbraten.

5. Die Rosmarinzweige zerpflücken und zum Fleisch geben. Bier und Brühe angießen und das Ganze im auf 180–200 °C vorgeheizten Backofen etwa 1 ½ Stunden garen.

6. Den fertigen Schweinebraten aus der Soße nehmen. Die Soße durch ein Sieb passieren, nochmals erhitzen und mit dunklem Soßenbinder leicht binden.

7. Den Schweinebraten mit Aprikosenfüllung in Scheiben schneiden, mit der Soße dekorativ anrichten, mit Rosmarinzweigen garnieren, mit Petersilienkartoffeln und Butterkaröttchen sofort servieren.

GLASIERTER SCHINKENBRATEN

Für 4 Personen:

1 kg Schopfbraten (roh geräucherter Schinkenbraten)
500 ml Weißwein
500 ml Gemüse- oder Fleischbrühe
2 Lorbeerblätter, einige Nelken einige Pfefferkörner
1 Bund Suppengemüse

Zum Braten:
4 EL Honig, 4 cl Weinbrand
2–3 EL Butter

Für die Soße:
3 Schalotten
1–2 EL Butter
2 Orangen
Speisestärke zum Binden
Salz, Pfeffer aus der Mühle
1 Prise Cayennepfeffer

Außerdem:
frische Lorbeerblätter zum Garnieren

1. Den Schopfbraten unter fließendem Wasser waschen und trocken tupfen. Den Weißwein und die Gemüse- oder Fleischbrühe in einen Topf geben und zum Kochen bringen.

2. Die Lorbeerblätter, die Nelken, die Pfefferkörner, das geputzte und klein geschnittene Suppengemüse in den Sud geben und einmal aufkochen lassen.

3. Den Schopfbraten in den Sud legen und bei mäßiger Hitze 1 ½ Stunden sieden lassen. Nach Ende der Garzeit den Schopfbraten herausnehmen und abtropfen lassen.

4. Den Honig mit dem Weinbrand und der Butter verrühren und den Schopfbraten damit bestreichen. In den auf 180–200 °C vorgeheizten Backofen schieben und 10 Minuten glasieren.

5. Die Schalotten schälen und fein würfeln. Die Butter in einer Pfanne erhitzen und die Schalotten darin anschwitzen.

6. 500 ml Kochsud abmessen, zu den Schalotten geben und einmal aufkochen lassen.

7. Die Orangen großzügig schälen und filieren, die Orangenfilets und den ausgepressten Orangensaft in die Soße rühren und diese einmal aufkochen lassen.

8. Die Soße mit etwas angerührter Speisestärke leicht binden, mit Salz, Pfeffer und Cayennepfeffer abschmecken.

9. Den glasierten Schopfbraten in Scheiben schneiden, dekorativ anrichten und mit der Soße überziehen. Mit frischen Lorbeerblättern garnieren, mit Bohnengemüse und Kroketten sofort servieren.

Putenbraten mit Käse-Kräuter-Kruste

Für 4 Personen:

1 kg Putenbrust, Salz, Pfeffer aus der Mühle, Butterschmalz zum Braten, Alufolie

Für die Kruste:
8 Scheiben trockenes Toastbrot
2 EL Crème fraîche
50 g gemischte Kräuter (Basilikum, Rosmarin, Estragon, Thymian)
50 g weiche Butter
75 g geriebener Bergkäse

Für die Zitronenkartoffeln:
800 g kleine Kartoffeln
200 g Schalotten
3–4 Knoblauchzehen
je 2 Zweige Thymian und Rosmarin
Saft von 2 Zitronen
100 ml Olivenöl

Außerdem:
Thymian- und Rosmarinzweige zum Garnieren

1. Die küchenfertige Putenbrust unter fließendem Wasser waschen, trocken tupfen, mit Salz und Pfeffer kräftig würzen.

2. Das Butterschmalz in einem Bräter erhitzen, das Fleisch darin rundherum Farbe nehmen lassen, herausnehmen, in Alufolie wickeln und im auf 180–200 °C vorgeheizten Backofen 40 Minuten garen.

3. Für die Kruste das Toastbrot entrinden, fein reiben, mit der Crème fraîche, den verlesenen, gewaschenen und fein gehackten Kräutern, der weichen Butter und dem geriebenen Bergkäse in einer Schüssel vermischen.

4. Die vorgegarte Putenbrust aus der Alufolie nehmen, leicht abkühlen lassen, mit der Kräutermasse bestreichen und unter dem Grill goldgelb überbacken.

5. Für die Zitronenkartoffeln die Kartoffeln schälen, je nach Bedarf klein schneiden. Die Schalotten und die Knoblauchzehen schälen und fein würfeln.

6. Den Thymian und den Rosmarin verlesen, waschen und klein schneiden. Die Kartoffeln, die Schalotten, die Knoblauchzehen, die Kräuter, den Zitronensaft und das Olivenöl in eine Pfanne geben und im auf 180–200 °C vorgeheizten Backofen 30–35 Minuten garen.

7. Nach Ende der Garzeit die Zitronenkartoffeln kräftig salzen und pfeffern. Mit dem in Scheiben geschnittenen Putenbraten dekorativ anrichten, mit Thymian- und Rosmarinzweigen garnieren und sofort servieren.

Rotkohlrouladen mit Champignonfüllung

Für 4 Personen:

1 Kopf Rotkohl, Salzwasser, 1 Zwiebel, 150 g frische Champignons
einige Tropfen Zitronensaft
2 EL Butter, 100 g Bauernbrot
1 Ei, 150 g feine Leberwurst
Salz, Pfeffer aus der Mühle
1 Prise Cayennepfeffer
1 EL gerebelter Majoran
Butterschmalz zum Braten
1 Zwiebel, 2 Äpfel, 200 ml Rotwein
400 ml Gemüse- oder Fleischbrühe
2 Lorbeerblätter, einige Nelken
1 Zimtstange, dunkler Soßenbinder
Petersilienzweige zum Garnieren

1. Den Rotkohl putzen, den Strunk herausschneiden uns die Blätter ablösen. Salzwasser in einem Topf zum Kochen bringen und die Rotkohlblätter darin blanchieren. Herausnehmen, gut abtropfen lassen und je 2–3 Blätter auf einer Arbeitsfläche übereinanderlegen.

2. Die Zwiebel schälen, fein würfeln, die Champignons putzen, klein schneiden und mit Zitronensaft beträufeln. Butter erhitzen. Die Zwiebel- und Champignonwürfel dazugeben und kurz anschwitzen.

3. Die Champignon-Zwiebel-Mischung in eine Schüssel geben. Das Bauernbrot fein würfeln, mit dem Ei und der Leberwurst dazugeben und alles gut miteinander verrühren.

4. Die Masse mit Salz, Pfeffer, Cayennepfeffer und Majoran kräftig würzen, auf die Rotkohlblätter verteilen, diese zusammenrollen oder mithilfe eines sauberen Küchentuches zu Rouladen abdrehen.

5. Das Butterschmalz in einem Bräter erhitzen. Die Rouladen einsetzen und auf allen Seiten leicht anbraten.

6. Die Zwiebel schälen und fein würfeln. Die Äpfel schälen, entkernen, klein schneiden, mit der Zwiebel zu den Rouladen geben und mitbraten.

7. Rotwein und Brühe angießen und zum Kochen bringen. Lorbeerblätter, Nelken und Zimtstange dazugeben und das Ganze zugedeckt im auf 180 °C vorgeheizten Backofen 60 Minuten schmoren lassen.

8. Die fertigen Rouladen aus der Soße nehmen und warm stellen und die Apfelwürfel aus der Soße nehmen. Die Soße durch ein Sieb passieren, mit den Äpfeln erneut erhitzen und mit dunklem Soßenbinder leicht binden.

9. Die Soße nochmals nachwürzen, mit den Rouladen dekorativ anrichten, mit Petersilienzweigen garnieren und mit Kartoffelknödeln sofort servieren.

Kohlrouladen mit Hackfleischfüllung

Für 4 Personen:

1 Kopf Weißkohl
Salzwasser zum Blanchieren
250 g gemischtes Hackfleisch
1 Ei, 200 g gekochter Reis
½ Bund Petersilie
1 Zwiebel, 1 Knoblauchzehe
1 EL Butter
Salz, Pfeffer aus der Mühle
½ TL Kümmelpulver
1 Prise Cayennepfeffer
2 EL mittelscharfer Senf
Butterschmalz zum Braten
200 ml Weißwein
300 ml Gemüse- oder Fleischbrühe
1 Lorbeerblatt, einige Nelken
einige Wacholderbeeren
Petersilienzweige zum Garnieren

1. Den Weißkohl putzen, den Strunk herausschneiden, die Blätter ablösen und unter fließendem Wasser waschen. Salzwasser in einem Topf erhitzen und die Weißkohlblätter darin blanchieren.

2. Die Weißkohlblätter herausnehmen, gut abtropfen lassen und je 2–3 Blätter übereinander auf eine Arbeitsfläche legen.

3. Das Fleisch mit dem Ei in eine Schüssel geben und gut verrühren. Den Reis und die verlesene, gewaschene und fein gehackte Petersilie dazugeben und unterrühren.

4. Die Zwiebel und die Knoblauchzehe schälen und fein würfeln. Die Butter in einer Pfanne erhitzen, die Knoblauchzwiebeln darin anschwitzen, vom Herd nehmen, erkalten lassen und unter die Hackfleischmasse rühren.

5. Die Masse mit Salz, Pfeffer, Kümmel und Cayennepfeffer kräftig würzen und mit Senf verfeinern. Die Masse gleichmäßig auf die Weißkohlblätter verteilen und diese zusammenrollen oder mithilfe eines sauberen Küchentuches zu Rouladen abdrehen.

6. Das Butterschmalz in einem Bräter erhitzen, die Rouladen darin rundherum Farbe nehmen lassen, mit Weißwein ablöschen und die Gemüse- oder Fleischbrühe angießen.

7. Das Ganze zum Kochen bringen, das Lorbeerblatt, die Nelken und die Wacholderbeeren dazugeben und zugedeckt im auf 180 °C vorgeheizten Backofen 50 Minuten schmoren lassen.

8. Die fertigen Kohlrouladen aus der Soße nehmen und warm stellen. Die Soße durch ein Sieb passieren, erneut erhitzen und nochmals nachwürzen. Die Kohlrouladen mit der Soße dekorativ anrichten, mit Petersilienzweigen garnieren und mit Kartoffelpüree sofort servieren.

Überbackenes Marktgemüse mit Béchamel-Parmesan-Sosse

Für 4 Personen:

1 Bund Frühlingszwiebeln
2 kleine Zucchini
1 Bund junge Karotten
Salzwasser zum Garen
½ Knolle junger Knoblauch
2 gelbe Paprikaschoten
4 Tomaten
3 EL Olivenöl
Salz, Pfeffer aus der Mühle
1 Prise Zucker
Saft von ½ Zitrone

Für die Soße:
1 EL Butter, 1 gehäufter EL Mehl
250 ml Milch, 1 Prise Muskat
100 g frisch geriebener Parmesankäse

Außerdem:
Basilikum zum Garnieren

1. Die Frühlingszwiebeln und die Zucchini putzen und waschen, die Karotten schälen. Das Gemüse in mundgerechte Stücke schneiden, sortenweise im kochenden Salzwasser bissfest garen, herausnehmen und warm stellen.

2. Den Knoblauch schälen und in Spalten schneiden. Die Paprikaschoten halbieren, entkernen, waschen und in Stücke schneiden.

3. Die Tomaten waschen, halbieren, den Strunk herausschneiden, die Tomaten vierteln oder achteln.

4. Das Olivenöl in einer Pfanne erhitzen, Knoblauch, Paprika und Tomaten darin anschwitzen. Das restliche Gemüse dazugeben und durchschwenken. Mit Salz, Pfeffer, Zucker und Zitronensaft kräftig abschmecken.

5. Für die Soße die Butter in einem Topf schmelzen lassen, das Mehl mit dem Schneebesen einrühren, mit der Milch aufgießen und zu einer sämigen Soße verkochen. Mit Salz und Muskat abschmecken. Zum Schluss den Parmesankäse einrühren.

6. Das Gemüse in eine feuerfeste Form füllen, mit der Soße übergießen und das Ganze in dem auf 200 °C vorgeheizten Backofen ca. zehn Minuten überbacken.

7. Das überbackene Marktgemüse aus dem Ofen nehmen, mit frisch geriebenem Parmesankäse bestreuen, dekorativ anrichten, mit Basilikum garnieren und mit Kartoffelplätzchen sofort servieren.

Erbsengemüse „Hausmanns Art"

Für 4 Personen:

250 g gelbe Schälerbsen
1 Zwiebel, 2 Knoblauchzehen
50 g Kräuterbutter
2 Zweige Thymian
1 Bund glatte Petersilie
Salz, Pfeffer aus der Mühle
1 Prise Cayennepfeffer
1 Prise Muskat, 1 Prise Zucker

Außerdem:
8 kleine Schweinemedaillons à 100 g
8 dünne Scheiben Frühstücksspeck
Butterschmalz zum Braten
2 Schalotten, 100 ml Rotwein
400 ml gebundene Bratensoße
50 g Edelpilzkäse, 1 Kästchen Kresse

1. Die Schälerbsen waschen, in eine Schüssel geben, Wasser ohne Salz angießen und die Erbsen über Nacht einweichen. Die Erbsen mit dem Einweichwasser in einen Topf geben und zum Kochen bringen. Die Erbsen bei mäßiger Hitze 90 Minuten garen, anschließend abgießen und gut abtropfen lassen.

2. Zwiebel und Knoblauch schälen und fein würfeln. Die Kräuterbutter in einem Topf erhitzen und die Zwiebel- und Knoblauchwürfel darin anschwitzen. Den verlesenen, gewaschenen und klein geschnittenen Thymian dazugeben und untermischen.

3. Die Schälerbsen hinzufügen und kurz mitschwitzen, die verlesene, gewaschene und fein gehackte Petersilie untermischen und das Erbsengemüse mit Salz, Pfeffer, Cayennepfeffer, Muskat und Zucker kräftig würzen.

4. Die Schweinemedaillons waschen, trocken tupfen, mit Salz und Pfeffer kräftig würzen und jedes Medaillon in eine Scheibe Frühstücksspeck – am besten mit Küchenschnur festbinden – wickeln.

5. Schmalz erhitzen und die Medaillons darin auf beiden Seiten anbraten. In den auf 180 °C vorgeheizten Backofen schieben und 15 Minuten garen. Die fertigen Schweinemedaillons aus dem Ofen und aus der Pfanne nehmen und warm stellen.

6. Die Schalotten schälen, fein würfeln, ins verbliebene Bratfett geben und glasig schwitzen. Mit Rotwein ablöschen, die gebundene Bratensoße angießen, das Ganze zum Kochen bringen und kurz einreduzieren lassen. Den klein geschnittenen Edelpilzkäse in der Soße auflösen lassen und die Soße mit Salz und Pfeffer abrunden.

7. Die Schweinemedaillons mit der Soße und dem Erbsengemüse dekorativ anrichten, mit der verlesenen, gewaschenen und klein geschnittenen Kresse bestreuen und sofort servieren.

Geschmorte Kalbshaxe mit Backkartoffeln

Für 4 Personen:

1 küchenfertige Kalbshaxe
Salz, Pfeffer aus der Mühle
2 Knoblauchzehen
1 EL Kümmel
1 EL gerebelter Majoran
1 EL geriebene Zitronenschale
Butterschmalz zum Braten
2 Zwiebeln, 1 Bund Suppengemüse
1 l Gemüsebrühe, 2 Lorbeerblätter

Für die Kartoffeln:
800 g Kartoffeln
1 TL Kümmel
200 g Schalotten

Außerdem:
glatte Petersilie zum Garnieren

1. Die küchenfertige Kalbshaxe unter fließendem Wasser waschen, trocken tupfen, mit Salz und Pfeffer kräftig würzen.

2. Die Knoblauchzehen schälen, fein hacken, mit dem Kümmel, dem Majoran und der Zitronenschale auf eine Arbeitsfläche geben und mit dem Wiegemesser fein wiegen.

3. Die Kalbshaxe mit der Gewürzmischung einreiben. Das Butterschmalz in einem Bräter erhitzen, die Kalbshaxe einsetzen und rundherum Farbe nehmen lassen.

4. Die Zwiebeln schälen, klein schneiden, das Suppengemüse putzen, waschen, ebenfalls klein schneiden, mit den Zwiebeln zur Kalbshaxe geben und kurz mitbraten.

5. Die Gemüsebrühe angießen, die Lorbeerblätter dazugeben und die Kalbshaxe im auf 200 °C vorgeheizten Backofen 30 Minuten garen.

6. Den Bräter verschließen und die Kalbshaxe darin 90 Minuten schmoren lassen. Anschließend die Kalbshaxe aus der Soße nehmen und die Soße durch ein Sieb passieren.

7. Die Kartoffeln unter fließendem Wasser abbürsten, halbieren, in Fächer schneiden und auf ein tiefes Backblech setzen. Die Kartoffeln mit Salz, Pfeffer und Kümmel bestreuen.

8. Die Schalotten schälen, in Ringe schneiden und auf den Kartoffeln verteilen. Die Kalbshaxe daraufsetzen, so viel Soße angießen, dass die Kartoffeln zu zwei Dritteln bedeckt sind, und das Ganze im auf 200 °C vorgeheizten Backofen 30 Minuten garen.

9. Während der Garzeit mehrmals mit der Soße ablöschen. Anschließend die Kartoffeln mit der Kalbshaxe dekorativ anrichten, mit Petersilienzweigen garnieren, die restliche Soße angießen und sofort servieren.

Nudel-Hähnchen-Auflauf mit Gemüse

Für 4 Personen:

250 g Eiernudeln (Spirelli)
Salzwasser zum Garen
einige Tropfen Olivenöl

Außerdem:
500 g Hähnchenbrustfilet
Salz, Pfeffer aus der Mühle
1 Prise Cayennepfeffer
Butterschmalz zum Braten
1 Zwiebel
1 Bund Frühlingszwiebeln
je 1 gelbe und grüne Paprikaschote
1 EL gerebelte Kräuter der Provence
3 Tomaten
200 ml Gemüse- oder Geflügelbrühe
Butter zum Ausfetten
100 g geriebener Emmentaler

1. Die Eiernudeln im Salzwasser mit dem Olivenöl bissfest garen, abgießen, abschrecken, gut abtropfen lassen und bereitstellen.

2. Das küchenfertige Hähnchenbrustfilet unter fließendem Wasser waschen, trocken tupfen, in mundgerechte Würfel schneiden, mit Salz, Pfeffer und Cayennepfeffer würzen.

3. Butterschmalz in einer Pfanne erhitzen und die Hähnchenwürfel darin rundherum Farbe nehmen lassen. Die Zwiebel schälen, fein würfeln, zum Fleisch geben und kurz mitbraten.

4. Die Frühlingszwiebeln putzen, waschen und in mundgerechte Stücke schneiden. Die Paprikaschoten halbieren, entkernen, waschen, in Streifen schneiden, mit den Frühlingszwiebeln zum Fleisch geben und ebenfalls kurz mitbraten.

5. Das Ganze mit Salz, Pfeffer, Cayennepfeffer und Kräutern der Provence kräftig würzen. Die Tomaten waschen, vom Strunk befreien, in Spalten schneiden und mit den Nudeln unterheben.

6. Die Gemüse- oder Geflügelbrühe angießen. Eine Auflaufform ausfetten, die Nudelmischung einfüllen, mit dem Emmentaler bestreuen und im auf 180–200 °C vorgeheizten Backofen 25–30 Minuten garen.

7. Den Nudel-Hähnchen-Auflauf mit Gemüse aus dem Backofen nehmen, dekorativ anrichten, garnieren und sofort servieren.

Hackfleischauflauf mit Wirsing

Für 4 Personen:

500 g Kartoffeln
Salzwasser zum Garen
500 g Rinderhack
1 altbackenes Brötchen
etwas Milch, 2 Zwiebeln
2 Knoblauchzehen
½ Bund Petersilie, 1 Ei
Salz, Pfeffer aus der Mühle
1 TL Paprikapulver edelsüß

Außerdem:
Fett zum Ausfetten
½ Kopf Wirsing (400 g)
Gemüsebrühe zum Blanchieren
1 gelbe Paprikaschote
100 g Kirschtomaten
1 Prise Muskat
100 g geriebener Emmentaler

1. Die Kartoffeln unter fließendem Wasser abbürsten und im Salzwasser 18–20 Minuten garen.

2. Das Hackfleisch und das in Milch eingeweichte, ausgedrückte Brötchen in eine Schüssel geben.

3. Die Zwiebeln und die Knoblauchzehen schälen, fein würfeln und zu dem Rinderhack geben.

4. Die verlesene, gewaschene Petersilie und das Ei dazugeben. Mit Salz, Pfeffer und dem Paprikapulver kräftig abschmecken.

5. Eine Auflaufform ausfetten und das Hackfleisch in die Form drücken.

6. Die fertig gegarten Kartoffeln abgießen, leicht erkalten lassen, pellen, in Scheiben schneiden und auf dem Hackfleisch verteilen.

7. Den Wirsing putzen, den Strunk herausschneiden, die Blätter waschen und in Streifen schneiden.

8. Die Gemüsebrühe in einem Topf erhitzen. Die Wirsingstreifen darin kurz blanchieren, herausnehmen, abtropfen lassen und bereitstellen.

9. Die Paprikaschote halbieren, entkernen, waschen und würfeln.

10. Die Kirschtomaten waschen, halbieren, mit den Paprikawürfeln zu dem Wirsing geben, alles vermischen und auf den Kartoffelscheiben verteilen.

11. Den Auflauf mit Salz, Pfeffer und Muskat würzen, mit dem Emmentaler bestreuen und in dem auf 180–200 °C vorgeheizten Backofen 35 Minuten abgedeckt garen, aufdecken und weitere 10 Minuten weitergaren.

12. Nach Ende der Garzeit den Hackfleischauflauf mit Wirsing herausnehmen, dekorativ anrichten und sofort servieren.

Kartoffellasagne

Für 4 Personen:

2 EL Olivenöl, 500 g gemischtes Hackfleisch, 1 Zwiebel, 2 Knoblauchzehen, 2–3 EL Tomatenmark 400 g Tomatenstückchen aus der Dose, Salz, Pfeffer aus der Mühle 1 Prise Cayennepfeffer, 1 EL gerebelter Majoran, 1 TL Rosmarin

Außerdem:
800 g Kartoffeln, Salzwasser Butter zum Ausfetten, 400 g Raclettekäse, 1 Bund Petersilie

1. Öl erhitzen und das Hack darin anbraten. Zwiebel und Knoblauch schälen, würfeln, zum Fleisch geben und mitbraten. Das Tomatenmark einrühren und die Tomatenstückchen hinzufügen.

2. Das Ganze mit Salz, Pfeffer, Cayennepfeffer, Majoran und Rosmarin würzen und bei mäßiger Hitze 8–10 Minuten köcheln lassen. Vom Herd nehmen und bereitstellen.

3. Kartoffeln in Salzwasser 10–12 Minuten garen, abgießen, leicht erkalten lassen, pellen und in 1 cm dicke Scheiben schneiden.

4. Eine Auflaufform ausfetten, die Kartoffeln, das Hackfleisch und den Raclettekäse schichtweise einfüllen und im auf 180 °C vorgeheizten Backofen 40–45 Minuten garen.

5. Nach Ende der Garzeit die Kartoffellasagne aus dem Ofen nehmen, dekorativ anrichten, mit der verlesenen, gewaschenen und fein gehackten Petersilie bestreuen und sofort servieren.

Linsentopf mit Wienerle
(ohne Abbildung)

Für 4 Personen:

300 g Tellerlinsen, 1 l Gemüsebrühe
1 Zwiebel, 2–3 Karotten
1 Stück Sellerie, 4 Kartoffeln
1 Stange Lauch
Salz, Pfeffer aus der Mühle
1 Prise Muskat
1 Prise Cayennepfeffer
1–2 EL mittelscharfer Senf
1 Prise Zucker
4 Paar Wiener Würstchen
1 Bund Petersilie

1. Die Linsen unter fließendem Wasser waschen, in eine Schüssel geben, Wasser angießen und die Linsen über Nacht einweichen.

2. Die Gemüsebrühe in einem Topf erhitzen. Die Linsen abgießen, gut abtropfen lassen, in die Gemüsebrühe geben und bei mäßiger Hitze 30 Minuten garen.

3. Die Zwiebel schälen, in feine Würfel schneiden, die Karotten schälen, waschen und in Scheiben schneiden.

4. Den Sellerie schälen, putzen, waschen und in feine Würfel schneiden. Die Kartoffeln schälen, waschen und in Würfel schneiden. Den Lauch putzen, waschen und in Scheiben schneiden.

5. Das Gemüse zu den Linsen geben und bei mäßiger Hitze weitere 20 Minuten garen. Den Linsentopf mit Salz, Pfeffer, Muskat, Cayennepfeffer, Senf und Zucker kräftig abschmecken.

6. Die Wiener Würstchen in Scheiben schneiden, in den Linsentopf geben und weitere 10 Minuten garen.

7. Den Linsentopf mit Wienerle nochmals abschmecken, dekorativ anrichten, mit der verlesenen, gewaschenen und grob gehackten Petersilie bestreuen, garnieren und sofort servieren.

Gemüsehähnchen

Für 4 Personen:

*1 küchenfertiges Hähnchen (ohne Innereien), Salzwasser, 2 Lorbeerblätter, 1 TL Pfefferkörner einige Wacholderbeeren
1 Prise Muskat, 3–4 Karotten
1 Kohlrabi, 1 kleiner Kopf Brokkoli
2 mittelgroße Zucchini
2–3 EL gemischte, gehackte Kräuter zum Bestreuen*

1. Das Hähnchen waschen und abtrocknen. Salzwasser in einem Topf zum Kochen bringen. Die Lorbeerblätter, die Pfefferkörner und die Wacholderbeeren hineingeben, mit Muskat abschmecken.

2. Das Hähnchen einlegen und 20 Minuten leicht köcheln lassen, dabei den Schaum abschöpfen.

3. Die Karotten und den Kohlrabi schälen, in Stifte schneiden, zum Hähnchen geben und weitere 10 Minuten leicht köcheln lassen.

4. Den Brokkoli und die Zucchini putzen, waschen, den Brokkoli in Röschen, die Zucchini in Stücke schneiden, zum Hähnchen geben und 10 Minuten köcheln lassen.

5. Das Hähnchen aus der Brühe nehmen, abtropfen lassen, mit dem gut abgetropften Gemüse auf einer Platte dekorativ anrichten und mit den gehackten Kräutern bestreuen.

6. Die Brühe durch ein feines Sieb passieren, nochmals abschmecken und zum Hähnchen reichen.

7. Das gekochte Gemüse-Hähnchen mit Baguette oder Weißbrot sofort servieren.

Kalbsnieren mit Senfsosse
(ohne Abbildung)

Für 4 Personen:

*2 küchenfertige Kalbsnieren
1–2 EL Butterschmalz
Salz, Pfeffer aus der Mühle
1 EL Butter
1 Zwiebel
2 EL Rotweinessig
1 Glas Rotwein
1–1 ½ Becher süße Sahne
1–2 EL mittelscharfer Senf
1–2 Essiggurken*

1. Die Kalbsnieren längs halbieren, das innere Fett entfernen und die Nieren mindestens eine Stunde wässern. Anschließend herausnehmen und in Stücke schneiden.

2. Das Butterschmalz in einer Pfanne erhitzen, die Nieren darin braten, herausnehmen und mit Salz und Pfeffer würzen.

3. Die Butter ins verbliebene Bratfett geben und erhitzen. Die Zwiebel schälen, fein hacken und in der Butter glasig schwitzen.

4. Mit dem Rotweinessig und dem Rotwein ablöschen, die Sahne angießen und das Ganze kurz einreduzieren lassen.

5. Die Soße mit Senf verfeinern, mit Salz und Pfeffer würzen und die Nieren sowie die in dünne Streifen geschnittenen Essiggurken hineingeben.

6. Das Ganze nochmals erhitzen, aber nicht mehr kochen lassen.

7. Die Nieren mit der Soße anrichten, garnieren und sofort servieren.

DICKE BOHNEN MIT SAHNE

Für 4 Personen:

400 g dicke Bohnen
Salzwasser oder Gemüsebrühe zum Garen
2 Zwiebeln
2–3 Knoblauchzehen
2–3 EL Olivenöl
3 Karotten
300 ml Gemüsebrühe
2 Zucchini
200 ml süße Sahne
Speisestärke zum Binden
½ Bund Dill
Salz, Pfeffer aus der Mühle
1 Prise Cayennepfeffer
1 Prise Zucker

Außerdem:
100 g Frühstücksspeckscheiben
2 Zwiebeln
Dillzweige zum Garnieren

1. Die dicken Bohnen unter fließendem Wasser waschen, in eine Schüssel geben, Salzwasser angießen und die Bohnen über Nacht ausquellen lassen.

2. Die Bohnen abgießen, in kochendem Salzwasser oder Gemüsebrühe bissfest garen, herausnehmen und gut abtropfen lassen.

3. Die Zwiebeln und die Knoblauchzehen schälen und in feine Würfel schneiden.

4. Das Olivenöl in einem Topf erhitzen, Zwiebeln und Knoblauch darin glasig schwitzen.

5. Die Karotten schälen, in Scheiben schneiden, zu den Knoblauchzwiebeln geben und kurz mitschwitzen.

6. Die Gemüsebrühe angießen, die dicken Bohnen dazugeben und das Gemüse fertig garen.

7. Die Zucchini putzen, waschen, in Rauten schneiden, mit der Sahne zu den dicken Bohnen geben und alles bei mäßiger Hitze 6–8 Minuten köcheln lassen. Mit etwas angerührter Speisestärke leicht binden.

8. Den verlesenen, gewaschenen und klein geschnittenen Dill untermischen. Das Bohnengemüse mit Salz, Pfeffer, Cayennepfeffer und Zucker kräftig abschmecken.

9. Die Speckscheiben in eine Pfanne geben und kross braten. Die Zwiebeln schälen, in Scheiben schneiden, zum Speck geben und kurz mitbraten.

10. Die dicken Bohnen mit Sahne dekorativ anrichten, mit den Speckscheiben und den Zwiebeln belegen, mit Dillzweigen garnieren und sofort servieren.

Krustenbraten

Für 4 Personen:

1 kg Schweinebraten mit Schwarte
Salz, Pfeffer aus der Mühle
2 Knoblauchzehen, 1 EL Kümmel
1 EL Sonnenblumenöl, 3–4 Zwiebeln
2 Karotten, 500 ml helles Bier
300 ml Fleischbrühe, 4–6 EL Honig
Fleischbrühe nach Bedarf
dunkler Soßenbinder, Petersilie

1. Den Schweinebraten waschen, trocken tupfen, die Schwarte mit einem scharfen Messer karoförmig einschneiden, das Fleisch mit Salz und Pfeffer würzen.

2. Die Knoblauchzehen schälen und grob schneiden, mit dem Kümmel und dem Öl auf eine Arbeitsfläche geben und fein hacken.

3. Das Fleisch damit bestreichen und in einen Bräter setzen. Zwiebeln und Karotten schälen, würfeln und zum Fleisch geben. Das Ganze im auf 170 °C vorgeheizten Ofen 70–80 Minuten braten. Nach 30 Minuten Garzeit nach und nach mit Bier und Brühe ablöschen.

4. 10 Minuten vor Garende den Krustenbraten aus der Soße nehmen, mit 2–3 EL Honig bestreichen und fertig garen. Die Soße durch ein Sieb passieren, in einen Topf geben, wenn nötig mit Fleischbrühe auf 500 ml auffüllen, den restlichen Honig einrühren und einmal aufkochen lassen.

5. Die Soße mit Soßenbinder binden. Den Krustenbraten aus dem Ofen nehmen, dekorativ anrichten, mit Petersilie garnieren und mit Bratkartoffeln sofort servieren.

Zwiebelrostbraten
(ohne Abbildung)

Für 4 Personen:

4 dünne Rumpsteaks à 180 g
Pfeffer aus der Mühle
2 EL Mehl
Butterschmalz zum Braten, Salz
2–3 Gemüsezwiebeln
400 ml Bratensoße
1 Prise Cayennepfeffer
1 Prise Zucker
Kräuterzweige zum Garnieren

1. Die Rumpsteaks unter fließendem Wasser waschen, trocken tupfen und leicht klopfen. Mit Pfeffer kräftig würzen und mehlieren.

2. Das Butterschmalz in einer Pfanne erhitzen und die Fleischstücke darin braten.

3. Die Rumpsteaks salzen, herausnehmen und warm stellen.

4. Die Gemüsezwiebeln schälen und in feine Scheiben schneiden.

5. Etwas Butterschmalz ins Bratfett geben und die Zwiebeln darin kräftig rösten.

6. Die Bratensoße angießen und das Ganze einmal aufkochen lassen. Die Zwiebeln mit Salz, Pfeffer, Cayennepfeffer und Zucker kräftig würzen.

7. Die Fleischscheiben dekorativ anrichten, mit der Zwiebelsoße überziehen, mit Kräuterzweigen garnieren und mit Bratkartoffeln sofort servieren.

Schweinerücken mit Backpflaumenfüllung

Für 4 Personen:

*700 g Schweinerücken ohne Knochen
Salz, Pfeffer aus der Mühle
100 g Soft-Backpflaumen
100 g Pflaumenmus
2 EL gemahlene Mandeln
150 g roh geräucherter Frühstücksspeck, 200 ml Weißwein
200 ml süße Sahne
dunkler Soßenbinder*

1. Den Schweinerücken waschen, trocken tupfen, salzen und pfeffern und mit einem langen, dünnen Messer der Länge nach drei Löcher einstechen. Die Backpflaumen klein schneiden, mit dem Pflaumenmus und den Mandeln vermischen und die Masse in das Fleisch füllen.

2. Das Fleisch mit den Speckscheiben umwickeln, das Ganze in Alufolie geben und in dem auf 200 °C vorgeheizten Backofen 30 Minuten garen. Anschließend die Alufolie entfernen und den Braten weitere fünf Minuten bei 220 °C garen.

3. Nach Ende der Garzeit den Schweinerücken warm stellen. Den Bratenfond mit dem Weißwein und der Sahne in einem Topf zum Kochen bringen und einmal aufkochen lassen.

4. Mit Soßenbinder binden, mit Salz und Pfeffer abschmecken. Den Schweinerücken in Scheiben schneiden, mit der Soße auf heißen Tellern dekorativ anrichten, mit Kartoffelrösti und gedünstetem Brokkoli sofort servieren.

Feuriger Hackfleischtopf
(ohne Abbildung)

Für 4 Personen:

*2–3 EL Schmalz, 500 g Rinderhack,
1 Zwiebel, 2–3 Knoblauchzehen
1–2 Chilischoten, je 1 gelbe und rote
Paprikaschote, 2 EL Tomatenmark,
1 Dose pürierte Tomaten, 750 ml
Gemüse- oder Fleischbrühe, Speisestärke zum Binden, Salz, Pfeffer aus
der Mühle, 1 EL Paprikapulver
1 EL Curry, 1 Prise Nelkenpulver
1 TL gerebelter Thymian
400 g bissfest gegarte Spätzle
1 Bund Petersilie, Kräuterzweige*

1. Das Butterschmalz in einem Topf erhitzen, das Rinderhack dazugeben und unter ständigem Rühren braten.

2. Die Zwiebel und die Knoblauchzehen schälen, fein würfeln, zum Fleisch geben und kurz mitbraten. Die Chilischoten halbieren, entkernen, waschen, klein schneiden, zum Fleisch geben und mitbraten.

3. Die Paprikaschoten halbieren, entkernen, waschen, in feine Würfel oder Streifen schneiden, zum Fleisch geben und mitbraten.

4. Das Tomatenmark einrühren, die pürierten Tomaten und die Gemüse- oder Fleischbrühe angießen und das Ganze bei mäßiger Hitze 15–20 Minuten köcheln lassen.

5. Anschließend den feurigen Hackfleischtopf mit etwas angerührter Speisestärke leicht binden, mit Salz, Pfeffer, Paprika, Curry, Nelkenpulver und Thymian abschmecken.

6. Die bissfest gegarten Spätzle unter den Eintopf mischen. Diesen nochmals erhitzen, nachwürzen, dekorativ anrichten, mit der verlesenen, gewaschenen und fein gehackten Petersilie bestreuen, mit Kräuterzweigen garnieren und sofort servieren.

Zucchini-Möhren-Gemüse mit Kräuterrahm

Für 4 Personen:

500 g junge Möhrchen
500 g Minizucchini
1–2 EL Butter
1–2 Schalotten
100 ml Weißwein
300 ml Gemüsebrühe
200 ml süße Sahne
Salz, Pfeffer aus der Mühle
1 Prise Muskat
1 Prise Cayennepfeffer
Speisestärke zum Binden
50 g gemischte, frische Kräuter
(Schnittlauch, Petersilie, Kerbel, Basilikum)

Außerdem:
2–3 EL Butter
200 g Kirschtomaten

1. Die Möhrchen schälen, waschen und gut abtropfen lassen. Die Zucchini putzen, waschen und je nach Größe halbieren oder vierteln.

2. Die Butter in einem Topf erhitzen. Die Schalotten schälen, fein würfeln, ins Fett geben und glasig schwitzen.

3. Die Möhrchen dazugeben und kurz mitschwitzen. Den Weißwein und die Gemüsebrühe angießen und die Möhrchen darin bei mäßiger Hitze 8–10 Minuten dünsten.

4. Die Zucchini untermischen und einmal aufkochen lassen. Die Sahne angießen und zum Kochen bringen.

5. Die Zucchini-Möhrchen mit Salz, Pfeffer, Muskat und Cayennepfeffer kräftig abschmecken und mit etwas angerührter Speisestärke leicht binden.

6. Zum Schluss die verlesenen, gewaschenen und fein geschnittenen Kräuter unterziehen.

7. Die Butter in einer Pfanne erhitzen. Die Kirschtomaten waschen, den Strunk entfernen, die Tomaten ins Fett geben und kurz braten.

8. Die Zucchini-Möhrchen dekorativ anrichten, mit den gebratenen Tomaten belegen und mit in Butter geschwenkten Salzkartoffeln sofort servieren.

Kartoffel-Sellerie-Püree

Für 4 Personen:

500 g mehligkochende Kartoffeln
500 g Sellerie
Saft von 1 Zitrone
100 ml Milch, Salzwasser
2 EL Butter
125 ml süße Sahne
Selleriesalz
Pfeffer aus der Mühle
1 Prise Muskat
1 Prise Cayennepfeffer

Außerdem:
2 Zwiebeln
1 EL Paprikapulver edelsüß
2–3 EL Butter
2–3 EL Olivenöl
½ Bund Petersilie
Kräuterzweige zum Garnieren

1. Die Kartoffeln schälen, waschen und in Würfel schneiden, den Sellerie putzen, waschen, in Würfel schneiden und mit Zitronensaft beträufeln.

2. Die Milch in einen Topf geben, die Kartoffeln und den Sellerie dazugeben und so viel Salzwasser angießen, dass das Gemüse fast bedeckt ist.

3. Anschließend die Kartoffeln und den Sellerie 20 Minuten garen, abgießen und durch die Kartoffelpresse treiben.

4. Die Butter und die Sahne in einen Topf geben, erhitzen, mit Selleriesalz, Pfeffer, Muskat und Cayennepfeffer kräftig würzen und unter das Püree schlagen.

5. Die Zwiebeln schälen, in feine Scheiben schneiden und mit dem Paprikapulver bestäuben. Die Butter und das Olivenöl in einer Pfanne erhitzen und die Zwiebelscheiben darin braten.

6. Das Kartoffel-Sellerie-Püree in einen Spritzbeutel füllen, auf heiße Teller dressieren, mit Röstzwiebeln belegen, mit der verlesenen, gewaschenen und fein gehackten Petersilie bestreuen, mit Kräuterzweigen garnieren und sofort servieren.

7. Das Kartoffel-Sellerie-Püree passt sehr gut zu allen Fleisch- und Fischgerichten, die mit einer kräftigen Soße serviert werden.

ROTE-BETE-GEMÜSE MIT ZWIEBELN

Für 4 Personen:

2 Knoblauchzehen, 2 Zwiebeln
4 EL Butter, 1 gehäufter TL
Kreuzkümmel, 2 TL Kurkuma
1 TL Cayennepfeffer, 5 Tomaten
250 ml Gemüsebrühe, 600 g Rote
Bete, Speisestärke zum Binden
Salz, Pfeffer, Muskat, 1 Prise Zucker
Lorbeerblätter zum Garnieren

1. Die Knoblauchzehen und die Zwiebeln schälen und in Würfel schneiden. Die Butter in einem Topf erhitzen, Knoblauch und Zwiebeln darin glasig schwitzen.

2. Kreuzkümmel, Kurkuma und Cayennepfeffer darüberstreuen.

3. Tomaten enthäuten, entkernen, würfeln, zu den Knoblauchzwiebeln geben und kurz mitschwitzen.

4. Die Gemüsebrühe angießen und zum Kochen bringen. Die geschälten Rote Bete roh in feine Spalten schneiden, in die Tomatensoße geben und bissfest garen.

5. Das Rote-Bete-Gemüse mit etwas angerührter Speisestärke leicht binden, mit Salz, Pfeffer, Muskat und Zucker abschmecken.

6. Das Rote-Bete-Gemüse dekorativ anrichten, mit Lorbeerblättern garnieren und sofort servieren. Sehr gut passt das Rote-Bete-Gemüse zu Rindsvögerln, gefüllt mit Ei und Meerrettich-Frischkäse.

GEMISCHTER BOHNENTOPF
(ohne Abbildung)

Für 4 Personen:

500 g Rindfleisch zum Kochen
Salz, Pfeffer, 2 EL Butterschmalz
1 l Salzwasser, 2 Zwiebeln
1 Gewürzbeutel (Lorbeerblätter,
Pfefferkörner, Wacholderbeeren,
Nelken), 2 Karotten, 300 g Sellerie
500 g Schnippelbohnen
Cayennepfeffer
½ Bund frisches Bohnenkraut
geschmorte Birnenspalten und
Petersilie zum Garnieren

1. Das Rindfleisch waschen, trocken tupfen, salzen, pfeffern und würfeln. Das Schmalz erhitzen und das Fleisch darin anbraten. Das Salzwasser angießen.

2. Die klein geschnittenen Zwiebeln und den Gewürzbeutel einlegen und das Fleisch bei mäßiger Hitze in 75 Minuten garen.

3. Die Brühe durch ein Sieb oder ein Küchentuch passieren, mit dem Fleisch in einen Topf geben und erneut zum Kochen bringen.

4. Die geschälten und in Würfel geschnittenen Karotten mit dem geputzten, gewaschenen, gewürfelten Sellerie und den geputzten, gewürfelten und in Stücke geschnittenen Schnippelbohnen in die Brühe geben und bissfest garen. Das Ganze mit Salz, Pfeffer, Cayennepfeffer und dem frischen Bohnenkraut würzen.

5. Nach Ende der Garzeit den Bohnentopf dekorativ anrichten, mit geschmorten Birnenspalten und Petersilienzweigen garnieren und sofort servieren.

Dicke Bohnen mit Tomaten

Für 4 Personen:

500 g dicke Bohnen, Salzwasser oder Gemüsebrühe, 2 Spitzpaprikaschoten 2–3 Chilischoten, 1 Zwiebel, 2 Knoblauchzehen, 3–4 EL Olivenöl, 500 ml Gemüsebrühe, 1 Dose Kidneybohnen 400 g bissfest gegarter Reis, 500 g Baumtomaten, Salz, Pfeffer aus der Mühle, Zucker, gebratene Chilischoten und Petersilie zum Garnieren

1. Die Bohnen in eine Schüssel geben, mit Salzwasser übergießen und über Nacht ausquellen lassen. Das Wasser abgießen. Salzwasser oder Gemüsebrühe erhitzen, die Bohnen darin bissfest garen, herausnehmen und gut abtropfen lassen.

2. Die Spitzpaprikaschoten und die Chilischoten halbieren, entkernen, waschen und klein schneiden. Die Zwiebel und die Knoblauchzehen schälen und in Würfel schneiden.

3. Olivenöl erhitzen. Den Knoblauch und die Zwiebel dazugeben und glasig schwitzen. Spitzpaprika und Chilischoten mitschwitzen.

4. Brühe angießen, zum Kochen bringen. Die dicken Bohnen dazugeben und das Gemüse fertig garen.

5. Die abgetropften Kidneybohnen und den Reis untermischen. Die Tomaten waschen, den Strunk herausschneiden, die Tomaten halbieren oder vierteln, dazugeben und einmal kräftig aufkochen lassen.

6. Die Bohnen mit Tomaten und Reis mit Salz, Pfeffer und Zucker abschmecken, dekorativ anrichten, mit gebratenen Chilischoten und Petersilie garnieren und sofort servieren.

Gefüllte Tomaten
(ohne Abbildung)

Für 4 Personen:

8 große Tomaten, Salz, 1 Zwiebel 2 Knoblauchzehen, 1 TL Butter 500 g Rinderhackfleisch 1 EL Tomatenmark 30 g geriebener Parmesankäse ½ Bund Petersilie Pfeffer, 1 Prise Cayennepfeffer 200 ml Gemüse- oder Fleischbrühe gebratene Zwiebelringe und Rucola zum Garnieren

1. Die Tomaten waschen, einen Deckel abschneiden, das Kerngehäuse mit einem Löffel herausschaben und die Tomaten innen leicht salzen.

2. Zwiebel und Knoblauch schälen und fein würfeln. Die Butter in einer beschichteten Pfanne erhitzen, die Zwiebel- und Knoblauchwürfel darin glasig anschwitzen. Das Rinderhackfleisch in eine Schüssel geben. Die Knoblauchzwiebeln hinzufügen.

3. Das Tomatenmark, den Parmesankäse, die verlesene, gewaschene und gehackte Petersilie dazugeben.

4. Mit Salz, Pfeffer und Cayennepfeffer kräftig würzen und alles zu einer glatten Masse verarbeiten.

5. Die Hackfleischmasse in die Tomaten füllen. Die Tomaten in eine Auflaufform setzen. Die Gemüse- oder Fleischbrühe angießen.

6. Die gefüllten Tomaten in dem auf 180 °C vorgeheizten Backofen etwa 25 Minuten backen.

7. Nach Ende der Garzeit die gefüllten Tomaten aus dem Ofen nehmen, dekorativ anrichten, mit gebratenen Zwiebelringen und Rucola garnieren und mit Zuckerschoten und Baguette sofort servieren.

Zimtrotkraut mit Schmoräpfeln

Für 4 Personen:

1 kg Rotkohl
50 ml Weinessig, 1 EL Salz
1–2 EL Schweine- oder Gänseschmalz
1 Zwiebel
2 Zimtstangen
einige Pfefferkörner
einige Wacholderbeeren
250 ml Weißwein
250 ml Apfelsaft
Salz, Pfeffer aus der Mühle
1 Prise Muskat
1 Prise Cayennepfeffer
4 EL Preiselbeermarmelade
4 süßsäuerliche Äpfel

Außerdem:
Kräuterzweige zum Garnieren

1. Den Rotkohl putzen, vierteln, den Strunk herausschneiden, den Rotkohl in feine Streifen schneiden und in eine Schüssel geben.

2. Mit Weinessig beträufeln, mit Salz bestreuen und mit den Händen so lange kneten, bis der Rotkohl geschmeidig ist.

3. Das Schweine- oder Gänseschmalz in einem Topf erhitzen. Die Zwiebel schälen, fein würfeln, ins Fett geben und glasig schwitzen.

4. Den Rotkohl dazugeben und mitschwitzen. Die Zimtstangen, die Pfefferkörner und die Wacholderbeeren untermischen.

5. Mit Weißwein ablöschen und den Apfelsaft angießen. Mit Salz, Pfeffer, Muskat und Cayennepfeffer abschmecken.

6. Die Preiselbeermarmelade untermischen. Die Äpfel waschen, in den Rotkohl stellen und das Ganze im auf 160–180 °C vorgeheizten Backofen 30–35 Minuten schmoren lassen.

7. Nach Ende der Garzeit das Zimtrotkraut nachwürzen, mit den Schmoräpfeln dekorativ anrichten, mit Kräuterzweigen garnieren und zu knusprig gebratenen Schweinshaxen und Semmelknödeln sofort servieren.

APFELRISOTTO MIT ZIEGENKÄSE

Für 4 Personen:

Für das Risotto:
400 g Risottoreis
3–4 Schalotten
2–3 Knoblauchzehen
1–2 EL Butterschmalz
500 ml herber Cidre
700 ml Gemüsebrühe
1–2 Rosmarinzweige
Salz, Pfeffer aus der Mühle
1 Prise Muskat
1 Prise Cayennepfeffer

Außerdem:
2 rotschalige Äpfel
1–2 EL Butter
250 g Ziegencamembert
Rosmarin und Petersilie zum Garnieren

1. Den Risottoreis unter fließendem Wasser waschen, gut abtropfen lassen und bereitstellen.

2. Die Schalotten und die Knoblauchzehen schälen und beides sehr fein würfeln. Das Butterschmalz in einem Topf erhitzen, die Schalotten und den Knoblauch darin glasig schwitzen.

3. Den Reis dazugeben und kurz mitschwitzen. Den Cidre angießen, das Ganze zum Kochen bringen, unter ständigem Rühren und mehrmaliger Beigabe der Gemüsebrühe den Risottoreis in etwa 20 Minuten garen.

4. Nach etwa der Hälfte der Garzeit den Rosmarin dazugeben und weitergaren.

5. Anschließend die Rosmarinzweige herausnehmen und das Risotto mit Salz, Pfeffer, Muskat und Cayennepfeffer kräftig würzen.

6. Die Äpfel waschen und das Kerngehäuse mit einem Kernausstecher entfernen. Die Äpfel in feine Spalten schneiden.

7. Die Butter in einer Pfanne erhitzen und die Apfelspalten darin braten.

8. Den Ziegencamembert in feine Scheiben schneiden, mit den gebratenen Äpfeln unter das gegarte Risotto ziehen, dieses nachwürzen, dekorativ anrichten, mit Rosmarin und Petersilie garnieren und sofort servieren.

BROT-KÄSE-AUFLAUF

Für 4 Personen:

1 Kastenweißbrot (500 g)
5–6 Tomaten, Fett zum Ausfetten
4 Eier, 300 ml süße Sahne, Salz,
Pfeffer, Muskat, Cayennepfeffer
200 g Raclettekäse, 100 g
Appenzeller Käse, ½ Bund Petersilie
einige Zweige Thymian
2 Zwiebeln, 30 g gemischte, frische
Kräuter (Petersilie, Thymian,
Estragon)

1. Das Kastenweißbrot in Scheiben schneiden. Die Tomaten waschen, den Strunk herausschneiden und die Tomaten in Scheiben schneiden. Eine Auflaufform ausfetten, schichtweise Tomaten- und Weißbrotscheiben einlegen.

2. Die Eier mit der Sahne in eine Schüssel geben und verschlagen.

3. Mit Salz, Pfeffer, Muskat und Cayennepfeffer kräftig würzen.

4. Den Raclettekäse und den Appenzeller grob raspeln, die verlesenen, gewaschenen und fein gehackten Kräuter untermischen. Die Käsemischung über den Tomaten- und Brotscheiben verteilen.

5. Die Zwiebeln schälen, in feine Scheiben schneiden und gleichmäßig darübergeben.

6. Den Brot-Käse-Auflauf im auf 180 °C vorgeheizten Backofen in 30–35 Minuten garen.

7. Nach Ende der Garzeit den Brot-Käse-Auflauf herausnehmen, dekorativ anrichten, mit den verlesenen, gewaschenen und fein gehackten Kräutern bestreuen, garnieren und sofort servieren.

RATATOUILLE
(ohne Abbildung)

Für 4 Personen:

3–4 EL Olivenöl, 1 Zwiebel
3–4 Knoblauchzehen, 1 rote Paprikaschote, 1 Aubergine, 1 Zucchini
2–3 Tomaten, 2–3 EL Tomatenmark
100 ml Rotwein, 400 ml passierte
Tomaten, Salz, Pfeffer, Cayennepfeffer, je 1 TL gerebelter Oregano
und gerebeltes Basilikum
1 Bund Basilikum
frisch geriebener Parmesankäse

1. Das Olivenöl in einer Pfanne erhitzen. Die Zwiebel und die Knoblauchzehen schälen, fein würfeln, ins Fett geben und glasig schwitzen.

2. Die Paprikaschote putzen, halbieren, entkernen, waschen und in mundgerechte Würfel schneiden.

3. Die Aubergine putzen, waschen, in Würfel schneiden, beides zu den Knoblauchzwiebeln geben und kurz mitbraten.

4. Die Zucchini putzen, waschen und würfeln. Mit den enthäuteten, entkernten und in Würfel geschnittenen Tomaten zum Gemüse geben und 6–8 Minuten dünsten.

5. Das Tomatenmark einrühren, den Rotwein und die passierten Tomaten angießen, mit Salz, Pfeffer, Cayennepfeffer, Oregano und Basilikum kräftig abschmecken und das Gemüse bei mäßiger Hitze bissfest garen.

6. Das Ratatouille dekorativ anrichten, mit Basilikumblättchen belegen, mit frisch geriebenem Parmesankäse bestreuen, garnieren und mit Baguette sofort servieren.

PAPRIKA-RINDFLEISCHTOPF

Für 4 Personen:

500 g Rinderfilet
500 g rote, gelbe und grüne Paprikaschoten
2 Zwiebeln
3–4 Knoblauchzehen
1 Stück Ingwer
1–2 rote Chilischoten
4–5 EL Erdnussöl
Salz, Pfeffer aus der Mühle
1 Prise Cayennepfeffer
1 Prise Zucker
100 ml Sojasoße
2 EL dunkles Sesamöl

Außerdem:
Kräuterzweige zum Garnieren

1. Das Rinderfilet unter fließendem Wasser waschen, trocken tupfen und in Streifen schneiden.

2. Die Paprikaschoten halbieren, entkernen, waschen, gut abtropfen lassen und in Streifen schneiden.

3. Die Zwiebeln schälen und in Scheiben schneiden. Die Knoblauchzehen schälen und fein würfeln.

4. Den Ingwer schälen und fein reiben. Die Chilischoten halbieren, entkernen, waschen, gut abtropfen lassen und in Scheiben schneiden.

5. Das Erdnussöl in einem Topf erhitzen. Das Rinderfilet dazugeben, unter ständigem Rühren braten, herausnehmen und warm stellen.

6. Das Gemüse ins verbliebene Bratfett geben und unter ständigem Rühren braten. Anschließend mit Salz, Pfeffer, Cayennepfeffer und Zucker kräftig würzen. Die Sojasoße angießen und alles bei mäßiger Hitze 8–10 Minuten dünsten.

7. Nach Ende der Garzeit das Sesamöl einrühren und das Rinderfilet untermischen, nachwürzen, erhitzen, aber nicht mehr kochen lassen.

8. Den Paprika-Rindfleischtopf dekorativ anrichten, mit Kräuterzweigen garnieren und sofort servieren.

TOPFENTASCHERL

Für 4 Personen:

Für den Teig:
200 g Magerquark
200 g Mehl
1 Ei
½ TL Salz
1–2 Eigelb

Für die Füllung:
100 g Magerquark
50 g Mascarpone
2 Eigelb
2 Bund Schnittlauch
Salz, Pfeffer aus der Mühle
1 Prise Cayennepfeffer
½ TL geriebene Zitronenschale

Außerdem:
Salzwasser oder Gemüsebrühe zum Garen
100 g Butter
50 g Semmelbrösel
30 g gehackte Paranüsse
Basilikum und Petersilie zum Garnieren

1. Den Quark mit dem Mehl, dem Ei und dem Salz in eine Schüssel geben und zu einem glatten Teig verarbeiten.

2. Den Teig auf einer bemehlten Arbeitsfläche kurz durchkneten und dünn ausrollen.

3. Aus dem Teig Kreise (6–8 cm Durchmesser) ausstechen. Die Eigelbe mit etwas Wasser verschlagen und die Kreise damit bestreichen.

4. Für die Füllung den Quark mit dem Mascarpone und den Eigelben sowie dem verlesenen, gewaschenen und fein geschnittenen Schnittlauch in eine Schüssel geben und verrühren. Mit Salz, Pfeffer, Cayennepfeffer und der geriebenen Zitronenschale würzen.

5. Die Schnittlauchmasse gleichmäßig auf den Teigkreisen verteilen, diese zusammenklappen und an den Rändern gut andrücken.

6. Salzwasser oder Gemüsebrühe in einem Topf zum Kochen bringen. Die Topfentascherl darin 8–10 Minuten gar ziehen lassen.

7. Die Butter in einer Pfanne erhitzen, die Semmelbrösel dazugeben und kurz rösten. Die gehackten Paranüsse untermischen.

8. Die Topfentascherl gut abtropfen lassen, dekorativ anrichten, mit der Nussbutter überziehen, mit Basilikum und Petersilie garnieren und sofort servieren.

Martinsgans mit Maronenfüllung

Für 4 Personen:

1 küchenfertige Gans
Salz, Pfeffer aus der Mühle
1–2 EL gerebelter Beifuß

Für die Füllung:
100 g geräucherter, durchwachsener Speck, 1 Zwiebel, 4 altbackene, in Milch eingeweichte Brötchen
200 g vorgekochte, geschälte Maronen, 2 Eier
Semmelbrösel zum Binden
1 Prise Muskat

Außerdem:
2 Karotten, 1 Stück Sellerie
2 Äpfel, 500 ml Weißwein
1–2 Zweige Rosmarin
200 ml süße Sahne, Speisestärke zum Binden, 4 cl Calvados, gedünstete Apfelscheiben und Rosmarinzweige zum Garnieren

1. Die Gans unter fließendem Wasser waschen, trocken tupfen, mit Salz, Pfeffer und Beifuß innen und außen würzen.

2. Den Speck in feine Würfel schneiden und in einer Pfanne auslassen. Die Zwiebel schälen, fein würfeln, zum Speck geben und kurz mitbraten. Vom Herd nehmen und in eine Schüssel geben.

3. Die eingeweichten Brötchen ausdrücken, mit den grob gehackten Maronen und den Eiern zum Speck geben und alles zu einer glatten Masse verarbeiten.

4. Die Füllung mit Semmelbröseln leicht binden. Mit Salz, Pfeffer, Beifuß und Muskat würzen und in die Gans füllen.

5. Die Karotten, den Sellerie und die Äpfel schälen, die Äpfel entkernen, alles klein schneiden und in einen Bräter legen.

6. Den Weißwein angießen, die Rosmarinzweige darauflegen, die Gans einsetzen und im auf 160 °C vorgeheizten Backofen 2 ½–3 Stunden braten.

7. Nach Ende der Garzeit die Gans herausnehmen, portionieren und warm stellen. Die Soße durch ein Sieb passieren, mit der Sahne in einen Topf geben und erneut aufkochen lassen.

8. Die Soße mit etwas angerührter Speisestärke leicht binden. Mit Calvados verfeinern, mit Salz und Pfeffer abrunden.

9. Die Soße auf heißen Tellern verteilen. Die Gänseteile einsetzen, mit gedünsteten Apfelscheiben und Rosmarinzweigen garnieren und mit Bayrisch-Kraut sofort servieren.

KARTOFFELKNÖDEL
(ohne Abbildung)

Für 4 Personen:

Für die Kartoffelknödel:
400 g vorwiegend festkochende Kartoffeln, 100 g Kartoffelstärke
1 TL Salz, 1 Prise Muskat
100 ml heiße Milch
250 g rohe, mehligkochende Kartoffeln, 2 Scheiben Weißbrot
1 EL Butter, Salzwasser zum Garen

Für die Butterbrösel:
50 g Butter, 50 g Semmelbrösel

1. Die Kartoffeln waschen, in den Siebeinsatz des Dampfkochtopfes geben und ca. 20 Minuten zugedeckt dämpfen. Leicht abkühlen lassen, pellen, durch die Kartoffelpresse treiben und mit der Kartoffelstärke, dem Salz und dem Muskat vermischen.

2. Die kochend heiße Milch darübergießen und einarbeiten. Die rohen Kartoffeln schälen, fein reiben, in ein Tuch geben, ausdrücken und unter den Teig rühren. Weißbrot würfeln und in Butter rösten.

3. Salzwasser zum Kochen bringen. Knödel abdrehen, dabei einige Weißbrotwürfel in die Mitte einarbeiten. Knödel ins Salzwasser geben und 20 Minuten gar ziehen lassen.

4. Die Butter erhitzen, die Semmelbrösel einstreuen und goldgelb rösten. Die Knödel dekorativ anrichten, mit den Bröseln bestreuen und sofort servieren.

Kalbsfilet auf Herbstgemüse

Für 4 Personen:

250 g Karotten
250 g Sellerie
300 g Rote Bete
500 ml Gemüsebrühe

Für die Soße:
200 ml Weißwein
200 ml süße Sahne
100 g Crème fraîche mit Kräutern
Speisestärke zum Binden
2 EL Honig
einige Tropfen Zitronensaft
einige Tropfen Worcestersoße
Salz, Pfeffer aus der Mühle
1 Prise Muskat
1 Prise Cayennepfeffer
50 g gemischte, frische Kräuter
(Estragon, Kerbel, Petersilie)

Außerdem:
8 Scheiben Kalbsfilet à 80–100 g
2 EL Butterschmalz
2 Zweige Salbei
4 cl Grappa
Salbeiblättchen zum Garnieren

1. Das Gemüse putzen, waschen und in mundgerechte Stücke schneiden.

2. Die Gemüsebrühe in einem Topf erhitzen, das Gemüse darin sortenweise garen, herausnehmen und warm stellen.

3. Für die Soße den Weißwein, die Sahne und die Crème fraîche in einen Topf geben.

4. Zum Kochen bringen und bei mäßiger Hitze 4–5 Minuten köcheln lassen. Mit etwas angerührter Speisestärke leicht binden.

5. Die Soße mit Honig, Zitronensaft, Worcestersoße, Salz, Pfeffer, Muskat und Cayennepfeffer kräftig abschmecken und zum Schluss die verlesenen, gewaschenen und fein geschnittenen Kräuter untermischen.

6. Die Kalbsfiletscheiben unter fließendem Wasser waschen und trocken tupfen.

7. Das Butterschmalz in einer Pfanne erhitzen. Die Salbeiblätter von den Zweigen pflücken, ins Fett geben und die Kalbsfilets darin braten.

8. Den Grappa leicht erwärmen, anzünden, die Kalbsfilets damit flambieren, salzen und pfeffern.

9. Die Soße auf heißen Tellern verteilen, das erhitzte Gemüse darauf dekorativ anrichten, die Kalbsfiletscheiben darauflegen, mit Salbeiblättchen garnieren und sofort servieren.

Pfifferlingstopf

Für 4 Personen:

600 g Schweinefilet
Salz, Pfeffer aus der Mühle
1 EL gerebelter Majoran
2–3 EL Butterschmalz
1 Bund Frühlingszwiebeln
2–3 Karotten, 1 Stück Sellerie
100 g Brechbohnen, 100 ml
Weißwein, 500 ml Gemüsebrühe
250 g frische Pfifferlinge
500 g gegarte Spätzle
1 Bund Schnittlauch

1. Das Schweinefilet waschen, trocken tupfen und in Scheiben schneiden. Mit Salz, Pfeffer und Majoran würzen. Schmalz erhitzen, die Filetscheiben darin braten, herausnehmen und warm stellen.

2. Die Frühlingszwiebeln putzen, waschen und in mundgerechte Stücke schneiden.

3. Die Karotten und den Sellerie schälen, waschen und in Stücke schneiden. Mit den Frühlingszwiebeln ins verbliebene Bratfett geben und kurz anschwitzen.

4. Die Brechbohnen putzen, waschen, in Stücke schneiden und zum Gemüse geben. Den Weißwein und die Gemüsebrühe angießen, zum Kochen bringen und bei mäßiger Hitze 15 Minuten garen.

5. Die Pfifferlinge verlesen, in den Eintopf geben und weitere 10 Minuten köcheln lassen. Den Pfifferlingstopf mit Salz, Pfeffer und Majoran würzen. Zum Schluss die Spätzle und die Filetscheiben in den Eintopf geben, erhitzen und nachwürzen.

6. Den Pfifferlingstopf dekorativ anrichten, mit frisch geschnittenem Schnittlauch bestreuen, garnieren und sofort servieren.

Linsengemüse mit Kasseler
(ohne Abbildung)

Für 4 Personen:

je 300 g Staudensellerie und Knollensellerie, 3 Karotten, 300 g Kartoffeln, 500 ml Gemüsebrühe, 2 EL Butter, 1 Zwiebel, 1 Dose Linsen
4 EL Balsamicoessig, Salz, Pfeffer aus der Mühle, 1 TL Zucker
Butterschmalz, 4 Scheiben Kasseler à 150 g ohne Knochen, Kräuterzweige zum Garnieren

1. Den Staudensellerie putzen, waschen und in mundgerechte Stücke schneiden.

2. Den Knollensellerie, die Karotten und die Kartoffeln schälen, ebenfalls in Stücke schneiden, das Gemüse waschen und gut abtropfen lassen.

3. Die Brühe in einem Topf erhitzen. Das Gemüse in die Gemüsebrühe geben und bei mäßiger Hitze 15 Minuten köcheln lassen.

4. Die Butter in einem Topf erhitzen. Die geschälte Zwiebel fein würfeln, ins Fett geben und glasig schwitzen.

5. Das gut abgetropfte Gemüse mit den abgetropften Linsen zu der Zwiebel geben, kurz mitschwitzen, mit Balsamicoessig verfeinern, mit Salz, Pfeffer und Zucker kräftig abschmecken.

6. Das Butterschmalz in einer Pfanne erhitzen und die Kasselerscheiben darin braten. Das Linsengemüse dekorativ anrichten, mit dem Kasseler belegen, mit Kräuterzweigen garnieren und sofort servieren.

Rinderrouladen mit Sauerkrautfüllung

Für 4 Personen:

4 dünne Rinderrouladen à 200 g
Salz, Pfeffer aus der Mühle
1 TL Kümmelpulver
4 dünne Scheiben fetter Speck
200 g Weinsauerkraut aus der Dose
Butterschmalz zum Braten

Für die Soße:
4 Zwiebeln
200 ml dunkles Bier
400 ml Gemüse- oder Fleischbrühe
2 Lorbeerblätter
1 TL Wacholderbeeren
dunkler Soßenbinder

Außerdem:
Petersilienzweige zum Garnieren

1. Die küchenfertigen Rinderrouladen unter fließendem Wasser waschen, trocken tupfen, mit Salz, Pfeffer und Kümmelpulver würzen und auf eine Arbeitsfläche legen.

2. Die Rouladen mit je einer Scheibe Speck belegen. Das Sauerkraut zerpflücken, auf den Rouladen verteilen und die Rouladen zusammenrollen.

3. Die Rouladen mit Küchenschnur binden oder mit Rouladenklammern zusammenklammern.

4. Das Schmalz in einem Bräter erhitzen und die Rouladen darin rundherum Farbe nehmen lassen.

5. Die Zwiebeln schälen, achteln, zu den Rouladen geben und kurz mitbraten.

6. Mit Bier ablöschen, die Gemüse- oder Fleischbrühe angießen und zum Kochen bringen.

7. Die Lorbeerblätter und die Wacholderbeeren in die Soße geben und das Ganze zugedeckt im auf 180 °C vorgeheizten Backofen 90 Minuten schmoren lassen.

8. Die fertigen Rouladen und die Zwiebeln aus der Soße nehmen. Die Soße durch ein Sieb passieren, erneut erhitzen und mit dunklem Soßenbinder leicht binden.

9. Die Rouladen und die Zwiebeln in die Soße geben, erhitzen, nochmals nachwürzen, die Rouladen mit der Soße und den Zwiebeln dekorativ anrichten, mit Petersilienzweigen garnieren und mit Kartoffelpuffern sofort servieren.

Schwäbischer Schnitzeltopf

Für 4 Personen:

8 küchenfertige Schweineschnitzel à 100 g
Salz, Pfeffer aus der Mühle
1 EL Paprikapulver edelsüß
Butterschmalz zum Braten

Für die Soße:
1 Zwiebel, 2 Knoblauchzehen
100 ml Weißwein
200 ml Gemüse- oder Fleischbrühe
200 ml süße Sahne
dunkler Soßenbinder

Außerdem:
600 g hausgemachte Spätzle oder aus dem Kühlregal
Butter zum Anbraten und Ausfetten
1 Prise Muskat
200 g geriebener Emmentaler
50 g Röstzwiebeln (Fertigprodukt)
1 Bund Petersilie

1. Die Schweineschnitzel unter fließendem Wasser waschen, trocken tupfen, leicht klopfen, mit Salz, Pfeffer und Paprikapulver kräftig würzen.

2. Das Butterschmalz in einer Pfanne erhitzen. Die Schweineschnitzel darin auf beiden Seiten anbraten, herausnehmen und bereitstellen.

3. Die Zwiebel und die Knoblauchzehen schälen, in feine Würfel schneiden, ins verbliebene Bratfett geben und glasig schwitzen.

4. Mit dem Weißwein ablöschen, die Gemüse- oder Fleischbrühe und die Sahne angießen, zum Kochen bringen, kurz einreduzieren lassen und mit dunklem Soßenbinder binden.

5. Die fertig gegarten Spätzle in der erhitzten Butter in einer Pfanne anbraten, mit Salz, Pfeffer und Muskat kräftig würzen.

6. Eine Auflaufform ausfetten, die Spätzle schichtweise mit dem geriebenen Emmentaler und den Röstzwiebeln einfüllen und in dem auf 180 °C vorgeheizten Backofen 10 Minuten backen.

7. Die Schnitzel darauflegen, die Soße angießen und weitere 10 Minuten im Backofen backen. Den schwäbischen Schnitzeltopf mit der verlesenen, gewaschenen und fein gehackten Petersilie bestreuen, dekorativ anrichten und sofort servieren.

SCHWÄBISCHES LINSENGEMÜSE

Für 4 Personen:

250 g Linsen
1 Zwiebel
2 Knoblauchzehen
2 EL Butter
500 g Karotten
500 g Staudensellerie
500 ml Linsenfond oder Gemüsebrühe
8 dünne Scheiben Wammerl à 80 g (geräucherter, gekochter Schweinebauch)
Salz, Pfeffer aus der Mühle
1 Prise Muskat
2 Lorbeerblätter
dunkler Soßenbinder
4 EL Weißweinessig
1 EL Zucker
1 Bund Petersilie

1. Die Linsen unter fließendem Wasser waschen, in eine Schüssel geben, Wasser ohne Salz angießen und die Linsen über Nacht einweichen.

2. Die Linsen im Einweichwasser in einen Topf geben, zum Kochen bringen und bei mäßiger Hitze 20 Minuten garen. Anschließend die Linsen abgießen und den Fond dabei auffangen.

3. Die Zwiebel und die Knoblauchzehen schälen und fein würfeln. Die Butter in einem Topf erhitzen, die Zwiebel- und Knoblauchwürfel dazugeben und anschwitzen.

4. Die Karotten schälen und den Staudensellerie putzen. Karotten und Staudensellerie waschen, beides in feine Würfel schneiden, zu den Knoblauchzwiebeln geben und kurz mitbraten.

5. Den Linsenfond oder die Gemüsebrühe angießen und zum Kochen bringen.

6. Das Wammerl einlegen, die Linsen untermischen, mit Salz, Pfeffer und Muskat würzen. Die Lorbeerblätter dazugeben und das Ganze bei mäßiger Hitze 20 Minuten köcheln lassen.

7. Das Linsengemüse mit dunklem Soßenbinder leicht binden, mit Weißweinessig und Zucker je nach Geschmack süßsauer abschmecken.

8. Das Linsengemüse mit dem Wammerl dekorativ anrichten, mit der verlesenen, gewaschenen und fein gehackten Petersilie bestreuen und mit Spätzle sofort servieren.

Deftiger Linsentopf mit Backpflaumen

Für 4 Personen:

250 g Pardina-Linsen
1 Zwiebel
2 EL Butter
300 g Karotten
300 g Sellerie
500 g Kartoffeln
500 ml Linsenfond oder Gemüsebrühe
100 g getrocknete Softpflaumen
2 Lorbeerblätter
einige Nelken
einige Pfefferkörner
Salz, Pfeffer aus der Mühle
4 EL Weißweinessig
1 EL Zucker
2 Paar Regensburger Würstchen
½ Bund Petersilie

1. Die Pardina-Linsen unter fließendem Wasser waschen. Wasser ohne Salz in einem Topf zum Kochen bringen, die Linsen dazugeben und 30 Minuten garen.

2. Die Linsen abgießen und den Linsenfond auffangen.

3. Die Zwiebel schälen und fein würfeln. Die Butter in einem Topf erhitzen und die Zwiebelwürfel darin glasig schwitzen.

4. Die Karotten, den Sellerie und die Kartoffeln schälen, waschen, in Würfel schneiden, zu der Zwiebel geben und kurz mitbraten.

5. Den Linsenfond oder die Gemüsebrühe angießen, zum Kochen bringen und das Gemüse 10 Minuten garen.

6. Die entsteinten Pflaumen klein schneiden, die Lorbeerblätter, die Nelken und die Pfefferkörner in einen Gewürzbeutel geben. Mit den Pflaumen in den Sud einlegen, mit Salz und Pfeffer würzen, die Linsen dazugeben und weitere 10 Minuten garen.

7. Den Linsentopf mit Weißweinessig und Zucker süßsauer abschmecken, die Regensburger Würstchen einlegen und erhitzen.

8. Den Linsentopf mit den Regensburger Würstchen dekorativ anrichten, mit der verlesenen, gewaschenen und fein gehackten Petersilie bestreuen und sofort servieren.

Schweinebraten mit weissen Bohnen

Für 4 Personen:

250 g getrocknete weiße Bohnen
1 kg Schweinenacken
Salz, Pfeffer aus der Mühle
1 EL gerebelter Majoran
2 Knoblauchzehen
Butterschmalz zum Braten
2 Zwiebeln
200 ml Weißwein
600 ml Gemüse- oder Fleischbrühe
1 TL Wacholderbeeren
1 TL Pfefferkörner
500 g Karotten
½ Sellerieknolle
600 g Tomaten
je 2 Zweige Rosmarin und Salbei

Außerdem:
Rosmarinzweige zum Garnieren

1. Die Bohnen unter fließendem Wasser waschen und in eine Schüssel geben. Wasser ohne Salz angießen und die Bohnen über Nacht einweichen.

2. Anschließend die Bohnen im Einweichwasser 45 Minuten kochen, abgießen und bereitstellen.

3. Den küchenfertigen Schweinenacken unter fließendem Wasser waschen, trocken tupfen und mit Salz, Pfeffer und Majoran kräftig würzen.

4. Die Knoblauchzehen schälen, fein hacken und das Fleisch damit einreiben.

5. Das Butterschmalz in einem Bräter erhitzen und den Schweinenacken darin rundherum Farbe nehmen lassen. Die Zwiebeln schälen, fein würfeln, zum Fleisch geben und mitbraten.

6. Mit Weißwein ablöschen und die Gemüse- oder Fleischbrühe angießen.

7. Die Wacholderbeeren und die Pfefferkörner in einen Gewürzbeutel geben, in den Sud legen und das Ganze zugedeckt im auf 180 °C vorgeheizten Backofen 45 Minuten schmoren lassen.

8. Die Karotten und den Sellerie schälen, waschen und in mundgerechte Stücke schneiden.

9. Die Tomaten waschen, vom Strunk befreien und in Würfel schneiden. Mit dem Gemüse, den Bohnen und den Kräuterzweigen zum Fleisch geben und weitere 45 Minuten garen.

10. Das Fleisch aus dem Bohnengemüse nehmen, in Scheiben schneiden, mit dem Gemüse dekorativ anrichten, mit Rosmarinzweigen garnieren und sofort servieren.

ERBSENTARTE MIT SCHINKEN

Für 4 Personen:

200 g gelbe Schälerbsen
600 g gekochte Kartoffeln
Butterschmalz zum Ausfetten
300 g gekochter Schinken
2 Zwiebeln

Außerdem:
4 Eier
200 ml Milch
Salz, Pfeffer aus der Mühle
1 Prise Cayennepfeffer
1 Prise Muskat
150 g geriebener Tilsiter
½ Bund Petersilie

1. Die Schälerbsen unter fließendem Wasser waschen und in eine Schüssel geben. Wasser ohne Salz angießen und die Erbsen über Nacht einweichen.

2. Die Erbsen mit dem Einweichwasser in einen Topf geben und zum Kochen bringen.

3. Die Erbsen bei mäßiger Hitze etwa 90 Minuten garen. Anschließend abgießen und gut abtropfen lassen.

4. Die Kartoffeln pellen und in Scheiben schneiden. Eine Pizza- oder Tarteform mit Butterschmalz ausfetten und die Kartoffelscheiben einschichten.

5. Den Schinken in feine Streifen schneiden, die Zwiebeln schälen, in feine Würfel schneiden und mit den Schinkenstreifen auf den Kartoffelscheiben verteilen.

6. Die Eier mit der Milch verschlagen, mit Salz, Pfeffer, Cayennepfeffer und Muskat kräftig würzen, gleichmäßig auf der Tarte verteilen und diese im auf 180 °C vorgeheizten Backofen 20 Minuten backen.

7. Die Erbsentarte mit dem geriebenen Tilsiter bestreuen und weitere 25 Minuten backen.

8. Anschließend aus dem Ofen nehmen, in Stücke schneiden, dekorativ anrichten, mit der verlesenen, gewaschenen und fein gehackten Petersilie bestreuen und sofort servieren.

145

Geschmorte Pökelhaxe

Für 4 Personen:

2 kleine gepökelte Schweinshaxen
à 800 g, 2 Zwiebeln
1 Bund Suppengemüse
1 l Gemüsebrühe
2 Lorbeerblätter
1 TL Wacholderbeeren
1 TL Pfefferkörner
1 EL Senfkörner

Außerdem:
600 g Sauerkraut, 1 Kartoffel
1 TL Kümmel
500 ml Kochsud
Salz, Pfeffer aus der Mühle
1 Prise Cayennepfeffer
1 EL Zucker
Petersilienzweige zum Garnieren

1. Die küchenfertigen Schweinshaxen unter fließendem Wasser waschen, trocken tupfen und in einen Bräter legen.

2. Die Zwiebeln schälen und klein schneiden. Das Suppengemüse putzen, waschen, klein schneiden und mit den Zwiebeln zu den Schweinshaxen geben.

3. Die Gemüsebrühe angießen – die Haxen sollen bedeckt sein –, die Lorbeerblätter, die Wacholderbeeren, die Pfefferkörner und die Senfkörner dazugeben, das Ganze zum Kochen bringen und zugedeckt bei mäßiger Hitze 60 Minuten köcheln lassen.

4. Die Schweinshaxen aus dem Sud nehmen, den Sud durch ein Sieb abgießen und 500 ml abmessen.

5. Das Sauerkraut zerpflücken, die Kartoffel schälen, fein reiben, mit dem Sauerkraut und dem Kümmel vermischen und in einem Bräter verteilen.

6. Den Kochsud angießen, mit Salz, Pfeffer, Cayennepfeffer und Zucker würzen und die Schweinshaxen darauflegen.

7. Den Bräter verschließen und alles in dem auf 180 °C vorgeheizten Backofen 90 Minuten schmoren lassen. Anschließend den Deckel abnehmen, den Backofen auf 220 °C erhitzen und die Schweinshaxen 20 Minuten Farbe nehmen lassen.

8. Die Schweinshaxen herausnehmen, in Scheiben schneiden, mit dem Sauerkraut dekorativ anrichten, mit Petersilienzweigen garnieren und mit Kartoffelnudeln sofort servieren.

Berliner Gänsesauer

Für 4 Personen:

*2 küchenfertige Gänsekeulen
1 l Gemüsebrühe
1 Bund Suppengemüse
1 Lorbeerblatt
einige Nelken
einige Pfefferkörner
2 EL Obstessig
Salz, Pfeffer aus der Mühle
1 Prise Zucker
8 Blatt weiße Gelatine
2 Essiggurken
1 Bund Petersilie
Tomatenachtel und Kräuterzweige
zum Garnieren*

1. Die küchenfertigen Gänsekeulen unter fließendem Wasser waschen und trocken tupfen.

2. Die Gemüsebrühe in einem Topf erhitzen, die Gänsekeulen einlegen und bei mäßiger Hitze 60 Minuten köcheln lassen.

3. Das Suppengemüse putzen, waschen und klein schneiden. Mit dem Lorbeerblatt, den Nelken und den Pfefferkörner zu den Gänsekeulen geben, mit Obstessig, Salz, Pfeffer und Zucker würzen und weitere 40 Minuten köcheln lassen.

4. Die fertigen Gänsekeulen aus dem Sud nehmen, gut abtropfen und erkalten lassen. Das Fleisch vom Knochen lösen und in mundgerechte Stücke schneiden.

5. Den Sud durch ein Sieb passieren, das Fett abschöpfen und den Sud erneut erwärmen.

6. Die gut gewässerte, ausgedrückte Gelatine darin vollständig auflösen lassen.

7. Die Essiggurken gut abtropfen lassen, in Scheiben schneiden und mit dem Gänsefleisch in eine Terrinenform schichten. Den Sud angießen und im Kühlschrank – am besten über Nacht – vollständig durchkühlen und gelieren lassen.

8. Den Gänsesauer aus der Terrinenform stürzen, in Stücke schneiden, dekorativ anrichten, mit der verlesenen, gewaschenen und fein gehackten Petersilie bestreuen, mit Tomatenachteln und Kräuterzweigen garnieren und mit Bratkartoffeln sofort servieren.

Rinderschmorbraten in Rotweinsosse

Für 4 Personen:

1,2 kg Rinderschmorbraten
Salz, Pfeffer aus der Mühle
1 TL Korianderpulver
1 TL geschroteter schwarzer Pfeffer
Butterschmalz zum Braten

Für die Soße:
2 Zwiebeln
1 Bund Suppengemüse
2 EL Tomatenmark
200 ml Rotwein
500 ml Gemüse- oder Fleischbrühe
2 Lorbeerblätter
einige Nelken
1 TL Wacholderbeeren
je 2 Zweige Rosmarin und Thymian
dunkler Soßenbinder zum Binden
einige Tropfen Weinbrand

Außerdem:
Kräuterzweige zum Garnieren

1. Den küchenfertigen Rinderschmorbraten unter fließendem Wasser waschen, trocken tupfen, mit Salz, Pfeffer, Korianderpulver und geschrotetem Pfeffer kräftig würzen.

2. Das Butterschmalz in einem Bräter erhitzen und den Braten darin rundherum Farbe nehmen lassen.

3. Die Zwiebeln schälen, würfeln, das Suppengemüse putzen, waschen ebenfalls würfeln, mit den Zwiebeln zum Fleisch geben und kurz mitbraten.

4. Das Tomatenmark einrühren und kurz rösten. Mit Rotwein ablöschen und die Gemüse- oder Fleischbrühe angießen.

5. Die Lorbeerblätter, die Nelken, die Wacholderbeeren und die Kräuterzweige einlegen und das Ganze zugedeckt im auf 180–200 °C vorgeheizten Backofen 100–120 Minuten schmoren.

6. Nach Ende der Garzeit den Braten aus der Soße nehmen und warm stellen. Die Soße durch ein Sieb passieren und erneut erhitzen.

7. Die Soße mit etwas Soßenbinder leicht binden, mit Salz, Pfeffer und Korianderpulver nachwürzen und mit Weinbrand aromatisieren.

8. Den Rinderschmorbraten in Scheiben schneiden, mit der Soße dekorativ anrichten, mit Kräuterzweigen garnieren und mit Serviettenknödeln sofort servieren.

DEFTIGER KARTOFFELAUFLAUF

Für 4 Personen:

800 g Kartoffeln, 400 g kalter
Braten, 1 Zwiebel, 2 Knoblauchzehen, 1 EL Butter, 300 ml Milch
200 ml süße Sahne
Salz, Pfeffer aus der Mühle
1 Prise Muskat
1 Prise Cayennepfeffer
1 Bund Petersilie

1. Die Kartoffeln unter fließendem Wasser abbürsten, schälen und in Scheiben schneiden. Den Braten in mundgerechte Würfel schneiden.

2. Die Zwiebel und den Knoblauch schälen, in feine Würfel schneiden, die Butter in einer Auflaufform erhitzen und die Zwiebel- und Knoblauchwürfel darin anschwitzen.

3. Die Kartoffeln mit den Bratenwürfeln und den Knoblauchzwiebeln in einer Schüssel vermischen und in die Auflaufform schichten.

4. Milch und Sahne in einem Topf aufkochen lassen, mit Salz, Pfeffer, Muskat und Cayennepfeffer würzen, über den Auflauf gießen und diesen im auf 200 °C vorgeheizten Backofen 60 Minuten zugedeckt und 20 Minuten ohne Deckel garen.

5. Den Kartoffelauflauf aus dem Backofen nehmen, dekorativ anrichten, mit der verlesenen, gewaschenen und fein gehackten Petersilie bestreuen und sofort servieren.

ROLLBRATEN MIT KRÄUTERN
(ohne Abbildung)

Für 4–8 Personen:

3 kg Schweinerolle, je 2 Zweige
Salbei, Rosmarin, Majoran und
Pfefferminze, Schale von 1 unbehandelten Zitrone, 4 Knoblauchzehen
Salz, Pfeffer aus der Mühle
3 l Gemüse- oder Fleischbrühe
2–3 Lorbeerblätter, einige Nelken
einige Pfefferkörner

Außerdem:
2–3 EL Butterschmalz, 1 Zwiebel
2 Knoblauchzehen, 2 Bund Suppengemüse, 2–3 EL Tomatenmark
Kräuterzweige zum Garnieren

1. Die Schweinerolle vom Metzger so vorbereiten lassen, dass das Fleisch zusammenhängt und gut gerollt werden kann.

2. Die Kräuterzweige verlesen, waschen, fein hacken, mit der abgeriebenen Zitronenschale und den geschälten, fein gehackten Knoblauchzehen vermischen.

3. Die Schweinerolle mit Salz und Pfeffer kräftig würzen, innen mit der Kräutermischung einreiben, zusammenrollen und mit Küchenschnur binden. Die Gemüse- oder Fleischbrühe mit den Lorbeerblättern, den Nelken und den Pfeffer-

körnern in einem Topf zum Kochen bringen.

5. Die Schweinerolle einlegen und bei mäßiger Hitze mindestens eine Stunde garen.

6. Das Butterschmalz in einem Bräter erhitzen. Die Schweinerolle aus dem Sud nehmen, gut abtropfen lassen, trocken tupfen und im Schmalz rundherum Farbe nehmen lassen.

7. Die Zwiebel und die Knoblauchzehen schälen, fein würfeln, mit dem geputzten, gewaschenen, klein geschnittenen Suppengemüse zum Fleisch geben und kurz mitbraten.

8. Das Tomatenmark einrühren, etwas Kochsud angießen und das Ganze im auf 180–200 °C vorgeheizten Backofen 60–70 Minuten garen.

9. Während der Garzeit öfter mit dem Kochsud ablöschen (insgesamt mit etwa 500 ml).

10. Nach Ende der Garzeit den Schweinerollbraten herausnehmen, in Scheiben schneiden und dekorativ anrichten. Die Soße mit Salz und Pfeffer abschmecken, zum Fleisch geben, mit Kräuterzweigen garnieren und sofort servieren.

Schweinebraten mit Frischkäsefüllung

Für 4–6 Personen:

1,5 kg *Schweinerollbraten (1 Stück aus dem Nacken, vom Metzger vorbereitet)*
Salz, Pfeffer aus der Mühle
Paprikapulver zum Bestreuen

Für die Füllung:
200 g *Doppelrahmfrischkäse*
30 g *getrocknete, eingelegte Tomaten*
3 *Knoblauchzehen, 2 Eigelb*
1–2 EL *Semmelbrösel*
einige Zweige Rosmarin
je ½ *Bund Basilikum, Petersilie und Schnittlauch*
1 EL *geriebene Zitronenschale*

Außerdem:
Butterschmalz zum Braten
1 *Zwiebel*, 2 *Karotten*, 1 *Stück Sellerie*, 2–3 EL *Tomatenmark*
300 ml *Rotwein*, 300 ml *Brühe*
200 g *Frischkäse*
200 ml *Milch*
Muskat, Cayennepfeffer
Speisestärke zum Binden
Basilikum zum Garnieren

1. Den küchenfertigen Schweinerollbraten entrollen. Mit Salz, Pfeffer und Paprika kräftig würzen.

2. Den Frischkäse mit den in Würfel geschnittenen Tomaten, den geschälten und gehackten Knoblauchzehen und den Eigelben in eine Schüssel geben und glatt rühren.

3. Mit Semmelbröseln leicht binden, mit Salz, Pfeffer und Paprika würzen. Die Kräuter verlesen, waschen, abtropfen lassen, fein schneiden, mit der geriebenen Zitronenschale zum Frischkäse geben und vermischen.

4. Die Füllung auf das Fleisch streichen, dieses zusammenrollen und in ein Netz geben. Schmalz erhitzen und den Braten darin rundherum Farbe nehmen lassen.

5. Zwiebel, Karotten und Sellerie putzen, waschen, klein schneiden, zum Fleisch geben und kurz mitbraten. Das Tomatenmark einrühren, Rotwein und Brühe angießen und den Braten zugedeckt in dem auf 180–200 °C vorgeheizten Backofen 1 ½–2 Stunden schmoren lassen.

6. Nach Ende der Garzeit den Schweinerollbraten aus dem Ofen nehmen, das Netz entfernen und den Braten warm stellen. Die Soße durch ein Sieb streichen, in einen Topf geben und kurz einreduzieren lassen.

7. Den Frischkäse mit der Milch in einen Topf geben und zum Kochen bringen. Mit Salz, Pfeffer, Muskat und Cayennepfeffer würzen und mit etwas angerührter Speisestärke leicht binden.

8. Den Braten in Scheiben schneiden, mit den beiden Soßen dekorativ anrichten, mit Basilikum garnieren und sofort servieren.

Würziges Rinderfilet

Für 4 Personen:

800 g Rinderfilet
Salz, Pfeffer aus der Mühle

Für die Füllung:
2 Schalotten
1 EL Butter
100 g Roquefort
1–2 EL Semmelbrösel
1 Eigelb
1–2 Zweige Thymian
1–2 Zweige Petersilie
Butterschmalz zum Braten
Alufolie

Für die Nudeln:
250 g Linguine
Salzwasser zum Garen
einige Tropfen Olivenöl
1–2 EL Butter
1–2 EL Trüffelöl
1 Trüffel (aus dem Glas)

Außerdem:
Thymianzweige zum Garnieren

1. Das Rinderfilet unter fließendem Wasser waschen, trocken tupfen und zum Füllen vorbereiten. Mit Salz und Pfeffer würzen.

2. Für die Füllung die Schalotten schälen und in feine Würfel schneiden. Die Butter in einer Pfanne erhitzen, die Schalotten darin anschwitzen, vom Herd nehmen und in eine Schüssel geben.

3. Den Roquefort fein würfeln, mit den Semmelbröseln, dem Eigelb, den verlesenen, gewaschenen und fein geschnittenen Kräutern zu den Schalotten geben und vermischen. Das Rinderfilet damit füllen und mit Küchenschnur binden.

4. Das Butterschmalz in einem Bräter erhitzen und das Fleisch darin rundherum anbraten.

5. Ein entsprechend großes Stück Alufolie auf eine Arbeitsfläche legen, das Filet daraufsetzen, einwickeln und im auf 160 °C vorgeheizten Backofen 30–35 Minuten garen.

6. In der Zwischenzeit die Linguine im Salzwasser mit dem Olivenöl bissfest garen, abgießen, abschrecken und gut abtropfen lassen.

7. Die Butter und das Trüffelöl in einer Pfanne erhitzen. Die Linguine dazugeben und durchschwenken. Mit Salz und Pfeffer würzen. Die gut abgetropfte Trüffel in hauchdünne Scheiben schneiden und zu den Nudeln geben.

8. Das gegarte Filet aus dem Ofen nehmen, die Alufolie entfernen und das Filet in Scheiben schneiden. Mit den Trüffelnudeln dekorativ anrichten, mit Thymianzweigen garnieren und sofort servieren.

Register

Apfelrisotto mit Ziegenkäse 120

Bohnen mit Sahne, dicke 104
Bohnen mit Tomaten, dicke 116
Bohnentopf, gemischter 114
Braten mit Aprikosen 80
Bratkartoffeln, italienische 20
Brätknödelsuppe 64
Brot-Käse-Auflauf 122

Eier auf grüner Soße, pochierte 44
Eier mit Kräuterquark, gebackene 42
Eierpolster 52
Erbsengemüse „Hausmanns Art" 92
Erbsentarte mit Schinken 144
Erdbeerkeule, süß-scharfe 12

Gänsekeulen, Burgunder 52
Gänsesauer, Berliner 148
Gemüsehähnchen 102
Gemüselasagne 18

Hackfleischauflauf mit Wirsing 98
Hackfleischtopf, feuriger 108
Hackrolle mit Gemüse-Reis-Füllung 16
Hähnchenbrustfilets auf Zucchini-Rahmsoße 62
Hühnerfrikassee, Großmutters 14

Jägerschnitzel 18

Kalbsbrust, gefüllte 26
Kalbsfilet auf Herbstgemüse 130
Kalbshaxe mit Backkartoffeln, geschmorte 94
Kalbsnieren mit Senfsoße 102
Kalbsrahmbraten 38
Kartoffel-Sellerie-Püree 112
Kartoffelauflauf 20
Kartoffelauflauf, deftiger 152
Kartoffelgemüse 72
Kartoffelknödel 129
Kartoffellasagne 100
Kartoffelschnitzel mit Speckböhnchen 36
Kartoffeltopf mit Rindfleisch 80
Kohlrouladen mit Hackfleischfüllung 88
Kohlrouladen mit Tomatensoße 22
Krustenbraten 106
Kürbisküchlein mit gebratenem Schafskäse 74
Kürbisschnitzel 46

Lachstäschchen auf Spinat 40
Lammschulter, geschmorte 46
Leberknödelsuppe 72
Linsengemüse mit Kasseler 132
Linsengemüse, schwäbisches 138
Linsensuppe mit Pernod, rote 30
Linsentopf mit Backpflaumen, deftiger 140
Linsentopf mit Wienerle 100

Marktgemüse mit Béchamel-Parmesan-Soße, überbackenes 90
Martinsgans mit Maronenfüllung 128
Möhren mit Geschnetzeltem in Sahnesoße 76

Nudel-Hähnchen-Auflauf
    mit Gemüse   96

Paprika-Rindfleischtopf   124
Pfifferlingstopf   132
Pökelhaxe, geschmorte   146
Putenbraten mit
    Käse-Kräuter-Kruste   84
Putenbraten mit
    Wirsingfüllung   34
Putenkeule mit scharfer
    Brätfüllung   48
Putenrollbraten mit Frühlings-
    zwiebelfüllung   78
Putenrouladen mit
    Spargelfüllung   54

Ratatouille   122
Rinderfilet, würziges   156
Rinderrouladen mit
    Sauerkrautfüllung   134
Rinderschmorbraten in
    Rotweinsoße   150
Roastbeef in Pfeffersoße   30
Rollbraten mit Kräutern   152
Rote-Bete-Gemüse mit
    Zwiebeln   114
Rotkohlrouladen mit
    Champignonfüllung   86

Schinkenbraten, glasierter   82
Schnitzeltopf, schwäbischer   136
Schwarzwurzelauflauf   32
Schwarzwurzeln im
    Teigmantel   28
Schweinebraten mit
    Frischkäsefüllung   154
Schweinebraten mit weißen
    Bohnen   142
Schweinegeschnetzeltes auf
    grünem Spargel   58
Schweinemedaillons mit
    Bohnenpäckchen   66

Schweinerücken mit
    Backpflaumenfüllung   108
Schweinerücken mit
    Meerrettichkruste   24
Schweineschnitzel mit
    Zwiebelgemüse   38
Spargel mit Lachsragout   56
Spargel-Speck-Gemüse mit
    Rinderfilet, buntes   50
Spargelnudeln   60

Tafelspitz, Wiener   76
Tomaten, gefüllte   116
Topfentascherl   126

Wildschweinkoteletts mit
    Champignonsoße   70
Wirsingauflauf mit
    Putencurry   68

Zimtrotkraut mit
    Schmoräpfeln   118
Zucchini-Möhren-Gemüse
    mit Kräuterrahm   110
Zucchinifleisch   60
Zwiebelfleisch   64
Zwiebelrostbraten   106

© Copyright 2013

garant Verlag GmbH

Benzstraße 56

71272 Renningen

www.garant-verlag.de

ISBN 978-3-86766-944-3   Erfahren Sie mehr!